はじめに

学ぶ人へ

1年間の中国語の授業の始まりです。

今皆さんは中国語を話せるようになろうと意気込んでいることでしょう。同時に少し不安も感じているかもしれません。

大丈夫です。口と耳、目と手を使えば、中国語を話し書き、読み書けるように必ずなります。

口と耳で：語学の第一歩は発音——中国語の音に慣れるには、大きな声で練習するのが近道かつ最善の方法。大きな声を出すと発音が正しくなり、それにつれて聴きとる耳の力もついてきます。

目と手で：単語や文を読み書く——これが会話力を高める近道かつ最善の方法。読解と作文、この２つが会話力をしっかりと支える原動力なのです。

教える方へ

第２外国語の授業時間数が増えたことを受けて、文法、会話、作文、読解をより充実させたいと願い、この教科書では練習問題に特に意を注いだ。レッスン A、B、C と３段階の練習を進むなかで、理解から身につくレベルへと導くことを目指した。

◆ 各課の構成と特徴 ◆

文　法　より実際的な運用ができるように、基本文型を中心とした上で、副詞などを多く取り入れるよう工夫をこらした。また、各文法事項の関連性と相違点などについても適宜ふれて、中国語の全体像を把握しやすいようにと努めた。

レッスン A　単語と発音の習得を重点とし、「穴埋め、並べ替え」などによって、文法事項の基本的理解が得られるようにした。練習問題の多くは Q&A の会話形式をとり、暗記しやすいものとした。

レッスン B　文法事項の更なる理解を重点とし、レッスン A の形式のほか、作文練習を加えた。いずれも既習の文法事項をできるだけ取り入れて、より幅広い表現ができるようにした。また、日常の「ひと言」など身近な表現も随時入れたので、学生は一息入れつつ学べることと思う。

レッスン C　文法事項の応用を重点とし、短文ではあるが難度の少し高いものを読み書くことによって、更なるレベルアップを目指した。

会　話　日常のさまざまな場面会話から、中国語の自然なイントネーションと会話の実際の速度を、楽しみながら学んでもらいたい。

さらに、巻末に自己紹介のスピーチをつけた。進度にあわせて、学習に取り入れていただきたい。この教科書の終了時には各人が短くとも自己紹介を中国語で書き、言えるようになり、その自信とともに次の学習へと進むことを願っている。

2020 年春　西川優子

もくじ

中国語 初級 文法&会話 レッスン

西川優子

SANSHUSHA

中国語の音

1 漢字と音（ピンイン）と意味

◆「ニーハオ！」は朝昼晩いつでも使える挨拶言葉

漢字 ⇒ 你 好！　　こんにちは！ ⇐ 意 味

ピンイン ⇒ Nǐ hǎo!

2 四声と軽声

◆ ひとつの音節にひとつのトーン（声調）

◆ 声調によって、字が違い、意味が違う。

妈	麻	马	骂	妈妈
mā	má	mǎ	mà	māma

◆ 音は長めに！トーンを出すには、長さが必要。

声調記号

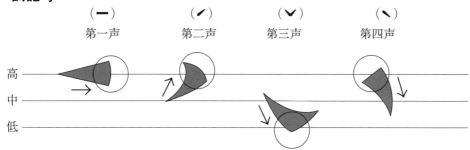

|（ー）|（ˊ）|（ˇ）|（ˋ）|
|第一声|第二声|第三声|第四声|

高
中
低

◆ 中国語は高い音が中心！　○印のところで力をこめる。

ー：高く水平にのばす。　　　　　ˇ：低くおさえこむ。

ˊ：急カーブに高くおし上げる。　　ˋ：高い所から急カーブでおとす。

無記号（軽声）：前の声調に軽くつける。

◆ 高い音は高く、低い音は低く。

3 単母音

a	o	e	i	u	ü
			(yi)	(wu)	(yu)

◆ 大きな口は大きく、小さな口は小さく。

a ：あごを下げて口を大きく開けて「アー」。

o ：ほほをすぼめ、唇をつき出して「オー」。

e ：「きゃっ！」と言った口のまま、のどの奥から「おー」。「あ」と「お」のミックス音。

i ：口を左右にぐっと引いて「イー」。

u ：o の口をさらにすぼめて「ウー」。

ü ：「う」の口で唇の両端に力をこめて「いー」。

　　「う」と「い」のミックス音。

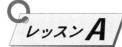 **大きな声で練習しましょう。**

1) ā　á　ǎ　à　　　　2) ō　ó　ǒ　ò

3) ē　é　ě　è　　　　4) yī　yí　yǐ　yì

5) wū　wú　wǔ　wù　　6) yū　yú　yǔ　yù

 **発音を聞いて、声調記号をつけましょう。**

◆ i に声調記号がついたら、上の点をとる。

◆ i、u、ü に子音なしのときは、yi、wu、yu と表記、声調記号は母音の上に。

1) a　　2) o　　3) e　　4) yi　　5) wu　　6) yu

7) a　　8) o　　9) e　　10) yi　　11) wu　　12) yu

＞型	**ai**	**ei**	**ao**	**ou**	
＜型	**ia** (ya)	**ie** (ye)	**ua** (wa)	**uo** (wo)	**üe** (yue)
◇型	**uai** (wai)	**u[e]i** (wei)	**iao** (yao)	**i[o]u** (you)	

◆ 母音がつながると、お互いに影響しあって、単母音のときとは音が少し変化する。

◆ e に注意！複母音の中では「え」に近くなる。

 大きな声で練習しましょう。 07

1) āi　ái　ǎi　ài　　　　2) ēi　éi　ěi　èi

3) āo　áo　ǎo　ào　　　　4) ōu　óu　ǒu　òu

5) yā　yá　yǎ　yà　　　　6) yē　yé　yě　yè

7) wā　wá　wǎ　wà　　　　8) wō　wó　wǒ　wò

9) yuē　yué　yuě　yuè　　10) wāi　wái　wǎi　wài

11) wēi　wéi　wěi　wèi　　12) yāo　yáo　yǎo　yào

13) yōu　yóu　yǒu　yòu

レッスン B 発音を聞いて、声調記号をつけましょう。 08

◆ 複母音では主母音の上に声調記号をつける。

◆ 主母音になるのは「a、o、e、i、u、ü」の順！

◆ a があれば、必ずその上に。

1) wo　　2) ao　　3) wei　　4) you　　5) wai　　6) ei

7) yao　　8) ou　　9) ye　　10) wa　　11) yue　　12) wa

13) ya

5 子音（6つのグループ）

無気音 ― 有気音

◆ 無気と有気は息の勢い
の違い、「スリッパ」
の「ッパ」。

1	b(o) ― p(o)	m(o) f(o)
2	d(e) ― t(e)	n(e) l(e)
3	g(e) ― k(e)	h(e)
4	j(i) ― q(i)	x(i)
5	zh(i) ― ch(i)	sh(i) r(i)
6	z(i) ― c(i)	s(i)

1. b p m　　　：上下の唇を前歯の間にはさみこむ。

　　f　　　　：英語の f の要領で、下唇を上の前歯にあてる。

2. d t n l　　：舌を「な行」の位置にあてる。

3. g k h　　　：息せききったように、のどの奥から出す。

4. j q x　　　：舌先を「た行」の位置に軽くあてる。

5. zh ch sh r：舌先を上歯ぐきの上にあて、息を吹きつけて振動させる。

6. z c s　　　：舌を「ざ行」の位置にあてる。

■表記と音〈1〉

◎3つの i

① 5のグループ zhi chi shi の i：舌先の振動

② 6のグループ zi ci si の i：日本語の「ず、つ、す」の口の形

③ 4のグループ ji qi xi の i、および①②以外の i：口を左右に引いて「イー」

◎子音がくると、消える e と o

・表記の変化：　t + uei　→ tui　　l + iou　→ liu

・音の変化：第一・二声 tuī tuí　　liū liú　　e と o の音も消える

　　　　　　第三・四声 tuǐ tuì　　liǔ liù　　e と o の音が復活

・声調記号の位置：後ろにずれる。wēi → tuī　yōu → liū

◆ 注意！hui だけは、第一声から第四声まで、すべて「おえ」に近く発音する。

　　　　　　　　huī　huí　huǐ　huì

◎4グループ j、q、x のあとの u は ü の音である。

去	学习	权利	裙子
qù	xuéxí	quánlì	qúnzi
行く	学ぶ	権利	スカート

◎3、5グループの子音＋ua／uai、u は o で発音する。

菊花	快车	刷牙
júhuā	kuàichē	shuāyá
菊	急行	歯を磨く

大きな声で練習しましょう。　🔊 11

Ⅰ．無気音と有気音のペア

1) bō － pō　　bó － pó　　bǒ － pǒ　　bò － pò

2) dē － tē　　dé － té　　dě － tě　　dè － tè

3) gē － kē　　gé － ké　　gě － kě　　gè － kè

4) jī － qī　　jí － qí　　jǐ － qǐ　　jì － qì

5) zhī － chī　　zhí － chí　　zhǐ － chǐ　　zhì － chì

6) zī － cī　　zí － cí　　zǐ － cǐ　　zì － cì

Ⅱ．そのほかの子音

1) mō　mó　mǒ　mò　　　fō　fó　fǒ　fò

2) nē　né　ně　nè　　　lē　lé　lě　lè

3) hē　hé　hě　hè

4) xī　xí　xǐ　xì

5) shī　shí　shǐ　shì　　　rī　rí　rǐ　rì

6) sī　sí　sǐ　sì

🔊 12

レッスン B　大きな声で練習しましょう。3つの i と似た音になりやすい母音に注意。

1) jī qī jù qù　　　2) lì rì lǜ lù　　　3) nǐ nǚ nǔ

4) zhì jì jù　　　5) chì qì qù　　　6) shì xì xù

7) zì zù zè　　　8) cì cù cè　　　9) sì sù sè

 発音を聞いて、声調記号をつけましょう。

1) liu yue 六月 　　2) jiu hao 九号 　　3) riji 日记

4) ziji 自己 　　5) hui guo 回国 　　6) xuexiao 学校

7) lüse 绿色 　　8) jiaozi 饺子 　　9) shui 水

6 鼻母音 　　～nと～ng　　🔊14

	1		2		3
	an	**ang**	**en**	**eng**	**ong**
	ian (yan)	**iang** (yang)	**in** (yin)	**ing** (ying)	**iong** (yong)
	uan (wan)	**uang** (wang)	**u[e]n** (wen)	**ueng** (weng)	
	üan (yuan)		**ün** (yun)		

◆ ～nと～ng

　日本語の中にも２つの「ん」がある。「三年生は三階の教室です」、「三年」の「さん（～n）」と「三階」の「さん（～ng）」。「漫才」の「まん（～n）」と「漫画」の「まん（～ng）」。

◆ 区別のポイント３つ

		～n	～ng
(1) 舌の位置：	舌先は	上の前歯の裏に	下の前歯の裏に
(2) 母音の大小：	あごは	閉じて小さく	開いて大きく
(3) 音節の長短：	あごは	閉じて短く	開いて長く

◆ 音の変化

・ian(yan) ―― 「イエン」、ⓐ は「え」になる。

・üan(yuan) ―― ⓐ は「え」と「あ」の中間の音になる。

・en 　　　　　} ―― ⓔ は「え」になる。
・uen(wen)

・eng ―――― ⓔ はあごを引いた「お」

・ong ―――― ⓞ は u の口で o を出す。

・iong ―――― ⓘ は ü の音になり、ü の口で o につなげる。

◎子音がくると、消える e

　・表記の変化：　　t + uen → tun

　・音の変化：　　第一・二声 tūn　tún　　e の音が消える

　　　　　　　　　第三・四声 tǔn　tùn　　e の音が復活

　・声調記号の位置：母音は u のみなので、前にずれる　wēn → tūn

◎g、k、h（3 グループ）の子音＋ uan ／ uang、u は o で発音する。

　　Huānyíng guānglín!　欢迎光临！　ようこそいらっしゃいました。

レッスン**A**　大きな声で練習しましょう。　🔊16

1) ān　　án　　ǎn　　àn　　――　āng　　áng　　ǎng　　àng

2) yān　　yán　　yǎn　　yàn　　――　yāng　　yáng　　yǎng　　yàng

3) wān　　wán　　wǎn　　wàn　　――　wāng　　wáng　　wǎng　　wàng

4) yuān　　yuán　　yuǎn　　yuàn

5) ēn　　én　　ěn　　èn　　――　ēng　　éng　　ěng　　èng

6) yīn　　yín　　yǐn　　yìn　　――　yīng　　yíng　　yǐng　　yìng

7) wēn　　wén　　wěn　　wèn　　――　wēng　　wéng　　wěng　　wèng

8) yūn　　yún　　yǔn　　yùn

9) hōng　　hóng　　hǒng　　hòng

10) yōng　　yóng　　yǒng　　yòng

レッスン**B**　　🔊17

発音を聞いて、a、b どちらか聞きとり、さらに声調記号をつけましょう。

1) a　man　　2) a　yan　　3) a　yin　　4) a　yun

　 b　mang　　　 b　yang　　　 b　ying　　　 b　ying

レッスン**C**　発音を聞いて、声調記号をつけましょう。　🔊18

1) jintian　今天　　　　2) mingnian　明年　　　3) fengyu　风雨

4) tiandi　田地　　　　5) yingxiong　英雄　　　6) Zhongwen　中文

7) xiongmao　熊猫　　　8) dangran　当然　　　9) Xianggang　香港

7 そり舌母音

🔊 19

| er 「アル」と、すばやく言う。 |

 大きな声で練習しましょう。　　　　　　🔊 20

ēr　　ér　　ěr　　èr

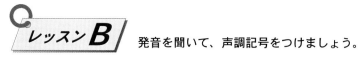 発音を聞いて、声調記号をつけましょう。　🔊 21

1）erzi　儿子　　　　　2）nü'er　女儿　　　　　3）ertong　儿童

4）erduo　耳朵　　　　 5）er yue　二月

■単語のアル化　　　　　　　　　　　　　　　　　　　　🔊 22

漢字は「儿」、ピンインは「r」、音は「〜ル」。

1）最後に「〜ル」　　　花儿 huār　　　　　唱 歌儿 chàng gēr

2）n、i を発音しない　玩儿 wánr

　　　　　　　　　　　小孩儿 xiǎoháir　　　一点儿 yìdiǎnr

3）鼻音化　　　　　　 电影儿 diànyǐngr　　有 空儿 yǒu kòngr

■声調の変化　　ˇ＋ˇ → ´ˇ

第三声が連続すると、第二声＋第三声に変化する。

　你 好!　Nǐ hǎo! → (Ní hǎo!)

　・変調しても表記はそのままで。

● 大きな声で練習しましょう。

1) 声調の組合せ

🔊 23

飞机	中国	铅笔	商店	桌子
fēijī	Zhōngguó	qiānbǐ	shāngdiàn	zhuōzi
毛衣	学习	词典	白菜	朋友
máoyī	xuéxí	cídiǎn	báicài	péngyou
老师	礼堂	手表	暖气	椅子
lǎoshī	lǐtáng	shǒubiǎo	nuǎnqì	yǐzi
汽车	幸福	课本	教室	谢谢
qìchē	xìngfú	kèběn	jiàoshì	xièxie

自行车	照相机	办公室	电影院
zìxíngchē	zhàoxiàngjī	bàngōngshì	diànyǐngyuàn

美食 广场　　　　中华 人民 共和国
měishí guǎngchǎng　　Zhōnghuá rénmín gònghéguó

これだけは
押さえておこう！

「ian」は「イエン」
「iang」は「イアン」

「en」は「エン」
「eng」は「オン」

2) 住まい

🔊 24

房子	房间	客厅	卧室	厨房	食堂	洗澡间
fángzi	fángjiān	kètīng	wòshì	chúfáng	shítáng	xǐzǎojiān
洗手间	院子	门	窗户			
xǐshǒujiān	yuànzi	mén	chuānghu			

3) 身につけるもの

🔊 25

衣服	裤子	裙子	衬衫	上衣	大衣	雨衣
yīfu	kùzi	qúnzi	chènshān	shàngyī	dàyī	yǔyī
帽子	围巾	袜子	手套儿	鞋		
màozi	wéijīn	wàzi	shǒutàor	xié		

4）食べるもの 26

米饭	面包	面条	猪肉	羊肉	牛肉	鸡肉	鱼
mǐfàn	miànbāo	miàntiáo	zhūròu	yángròu	niúròu	jīròu	yú

鸡蛋	胡萝卜	土豆儿	葱头	西红柿
jīdàn	húluóbo	tǔdòur	cōngtóu	xīhóngshì

5）飲むもの 27

水	茶	酒	牛奶	果汁儿	咖啡	红茶
shuǐ	chá	jiǔ	niúnǎi	guǒzhīr	kāfēi	hóngchá

绿茶	花茶	啤酒	葡萄酒	白酒
lùchá	huāchá	píjiǔ	pútaojiǔ	báijiǔ

6）フルーツ 28

水果	苹果	香蕉	西瓜	葡萄	桔子	梨
shuǐguǒ	píngguǒ	xiāngjiāo	xīguā	pútao	júzi	lí

桃儿	栗子	柿子	柠檬
táor	lìzi	shìzi	níngméng

7）数　1から10まで 29

一	二	三	四	五
yī	èr	sān	sì	wǔ

六	七	八	九	十
liù	qī	bā	jiǔ	shí

第 1 课 Dì yī kè

🔊 30

1 "是" shì の文「〜である」

肯　定	我　是　学生。 Wǒ　shì　xuésheng.	私は学生です。

● "不" bù は否定の副詞。
副詞の位置は動詞の前。

否　定	他　**不**　是　学生，　是　老师。 Tā　bú　shì　xuésheng,　shì　lǎoshī.	彼は学生ではなくて、先生です。

● "不" bù の変調
"不" bù ＋第 4 声 → bú

疑問①	你　是　学生　**吗**？ Nǐ　shì　xuésheng　ma?	あなたは学生ですか？

● 動詞の前に副詞がある
文では、②の形にしな
い。

疑問②	你　**是　不　是**　学生？ Nǐ　shì　bu　shì　xuésheng?	あなたは学生ですか？

2 副詞の "不" bù「〜でない」、"也" yě「〜も」、"都" dōu「みな、どちらも」

① 我　是　学生，　你　**也**　是　学生。　私は学生で、あなたも学生です。
Wǒ　shì　xuésheng,　nǐ　yě　shì　xuésheng.

我们　**都**　是　学生。　私たちはどちらも学生です。
Wǒmen　dōu　shì　xuésheng.

● 副詞の語順に注意。

② 我　**不**　是　老师，　你　**也**　**不**　是　老师。　私は先生ではなく、あなたも
Wǒ　bú　shì　lǎoshī,　nǐ　yě　bú　shì　lǎoshī.　先生ではありません。

我们　**都　不**　是　老师。　私たちはどちらも先生ではあり
Wǒmen　dōu　bú　shì　lǎoshī.　ません。〈全否定〉

③ 他们　**也　都**　是　学生　吗？　彼らもみな学生ですか？
Tāmen　yě　dōu　shì　xuésheng　ma?

——不，　他们　**不　都**　是　学生。　いいえ、彼らは全員が学生というわけ
Bù,　tāmen　bù　dōu　shì　xuésheng.　ではありません。〈部分否定〉

3 代名詞——人称代名詞と指示代名詞

人称代名詞

	単　数	複　数
一人称	我 wǒ	我们 wǒmen
二人称	你 nǐ（您 nín）	你们 nǐmen
三人称	他（她、它）tā	他们（她们、它们）tāmen
疑　問	谁 shéi	

指示代名詞

近　称	遠　称	疑　問
这 zhè	那 nà	哪 nǎ

4 "的" de「～の」　名詞 + 名詞

● "的" をつける→

① **所有の関係**

我 **的** 书　　　　你 **的** 课本　　　　他 **的** 钱包
wǒ de shū　　　　nǐ de kèběn　　　　tā de qiánbāo

私の本　　　　　　あなたの教科書　　　　彼の財布

我 **的** → 私の（もの）
wǒ de

● "的" をつけない→

所属・親族・国籍・内容の関係

我们 学校　　　　我 妈妈　　　　中国 老师　　　　汉语 词典
wǒmen xuéxiào　　wǒ māma　　　Zhōngguó lǎoshī　　Hànyǔ cídiǎn

私たちの学校　　　私のお母さん　　　中国人の先生　　　中国語の辞書

5 疑問詞の位置

● 疑問詞は聞きたい所へ置く。

他 是 **哪** 国 人？　　　　　　　　　彼は どの 国の人ですか？
Tā shì nǎ guó rén?

这 是 **谁** 的 书？　　　　　　　　　これは だれの 本ですか？
Zhè shì shéi de shū?

这 是 **什么**？　　　　　　　　　　　これは なに ですか？
Zhè shì shénme?

🔊 31

A 1　発音を聞いて声調をつけ、漢字も書きましょう。

1）xuesheng _____

2）laoshi _____

3）pengyou _____

4）tongxue _____

5）Zhongguoren _____

6）Ribenren _____

A 2　ピンインと声調をつけ、意味も言いましょう。

1）汉语 老师　　_____　　_____

2）中国 朋友　　_____　　_____

3）我 爸爸　　_____　　_____

4）你 的 手机　　_____　　_____

5）他 的 书包　　_____　　_____

A 3　次の会話を日本語に訳し、練習しましょう。　🔊 32

1）**Q**：你 是 中国人 吗？　　_____
　　　　Nǐ shì Zhōngguórén ma？

　　A：是，我 是 中国 留学生。　　_____
　　　　Shì, wǒ shì Zhōngguó liúxuéshēng.

2）**Q**：他 是 不 是 日本人？　　_____
　　　　Tā shì bu shì Rìběnrén？

　　A：不，他 不 是 日本人，是 中国人。_____
　　　　Bù, tā bú shì Rìběnrén, shì Zhōngguórén.

3）**Q**：你 是 哪 国 人？　　_____
　　　　Nǐ shì nǎ guó rén？

　　A：我 是 中国人。　　_____
　　　　Wǒ shì Zhōngguórén.

B1 中国語を聞いて文を完成させ、全文を漢字で書きましょう。 📢 33

1) Q：Zhè shì ＿＿＿＿＿＿？ ＿＿＿＿＿＿＿＿＿＿＿＿＿＿＿

A：Zhè shì ＿＿＿＿＿＿ kèběn. ＿＿＿＿＿＿＿＿＿＿＿＿＿＿＿

2) Q：Tā shì ＿＿＿＿＿＿？ ＿＿＿＿＿＿＿＿＿＿＿＿＿＿＿

A：Tā shì ＿＿＿＿＿＿ tóngxué. ＿＿＿＿＿＿＿＿＿＿＿＿＿＿＿

B2 次の文を漢字になおして、日本語に訳しましょう。 📢 34

1) Zhè shì shéi de cídiǎn ? —— Shì tā de.

＿＿＿＿＿＿＿＿＿＿＿＿＿ ＿＿＿＿＿＿＿＿＿＿＿＿＿

2) Zhè shì bu shì nǐ de ? —— Bú shì wǒ de.

＿＿＿＿＿＿＿＿＿＿＿＿＿ ＿＿＿＿＿＿＿＿＿＿＿＿＿

3) Nà bú shì tā de běnzi ma ? —— Shì, shì tā de.

＿＿＿＿＿＿＿＿＿＿＿＿＿ ＿＿＿＿＿＿＿＿＿＿＿＿＿

4) Tā shì wǒmen de Hànyǔ lǎoshī.

＿＿＿＿＿＿＿＿＿＿＿＿＿ ＿＿＿＿＿＿＿＿＿＿＿＿＿

B3 次の日本語になるように、単語を並べかえましょう。

1) 私の父は会社員で、母も会社員です。

（ 我 我 是 是 爸爸 妈妈 公司 职员 公司 职员 也 ）
　 wǒ wǒ shì shì bàba māma gōngsī zhíyuán gōngsī zhíyuán yě

＿＿＿＿＿＿＿＿＿＿＿＿＿＿＿＿＿＿＿＿＿＿＿＿＿＿＿＿＿＿＿

2) 彼の両親はどちらも公務員です。

（ 他 是 公务员 父母 都 ）
　 tā shì gōngwùyuán fùmǔ dōu

＿＿＿＿＿＿＿＿＿＿＿＿＿＿＿＿＿＿＿＿＿＿＿＿＿＿＿＿＿＿＿

3) 彼女は張先生の娘さんですか？

（ 张 老师 女儿 她 是 的 是 不 ）
　 Zhāng lǎoshī nǚ'ér tā shì de shì bu

＿＿＿＿＿＿＿＿＿＿＿＿＿＿＿＿＿＿＿＿＿＿＿＿＿＿＿＿＿＿＿

C1 下線部に漢字を書き入れ、"这" と "那" に注意して日本語に訳しましょう。　🔊 35

1) A： 那 是 _____ ？　　　—— B： 那 是 我们 的 老师。
　　 Nà　shì　shéi　？　　　　　　　　　　Nà　shì　wǒmen　de　lǎoshī.

　　 _____　　　_____

　 A： 他 是 _____ 国 人？　　—— B： 他 是 中国人。
　　 Tā　shì　nǎ　guó　rén ？　　　　　　　Tā　shì　Zhōngguórén.

　　 _____　　　_____

2) A： 这 是 _____ 地图？　　—— B： 这 是 中国 地图。
　　 Zhè　shì　shénme　dìtú ？　　　　　　Zhè　shì　Zhōngguó　dìtú.

　　 _____　　　_____

　 A： 这 是 不 是 长江？　　　—— B ：不 是， 这 是 黄河。
　　 Zhè　shì　bu　shì　Chángjiāng ？　　　Bú　shì,　zhè　shì　Huánghé.

　　 _____　　　_____

　 A： 这 是 _____ ？　　　—— B： 这 是 长城。
　　 Zhè　shì　shénme　？　　　　　　　　Zhè　shì　Chángchéng.

　　 _____　　　_____

C2 次の日本語になるように、単語を並べかえましょう。

1) Q： あなたたちの中国語の先生は全員中国人ですか？

　（ 中国人　是　的　吗　汉语　你们　都　老师 ）
　　Zhōngguórén　shì　de　ma　Hànyǔ　nǐmen　dōu　lǎoshī

　_____

　A： 全員が中国人というわけではありません。

　（ 不　是　中国人　都 ）
　　bù　shì　Zhōngguórén　dōu

　_____

C3 次の文を中国語に訳しましょう。

1) これはあなたの財布ではありませんか？

　_____

2) こちらは私の友人で、山田さんです。

　_____

3) 彼女は私の中国人の友人であり、私の中国語の先生でもあります。

　_____

会 話　お名前は？ ①

 36

你 好！
Nǐ hǎo！

你 好！
Nǐ hǎo！

你 叫 什么 名字？
Nǐ jiào shénme míngzi？

我 叫 张 春梅，你 呢？
Wǒ jiào Zhāng Chūnméi, nǐ ne？

単語のまとめ

● 家族

爷爷	奶奶		老爷	姥姥
yéye	nǎinai		lǎoye	lǎolao

爸爸（父亲）		妈妈（母亲）
bàba fùqin		māma mǔqin

哥哥	姐姐	我	弟弟	妹妹
gēge	jiějie	wǒ	dìdi	mèimei

父母　　　 fùmǔ
兄弟姐妹　 xiōngdìjiěmèi
爱人　　　 àiren
儿子　　　 érzi
女儿　　　 nǚ'ér
亲戚　　　 qīnqi

● 老师　先生　　　学生　学生／生徒　　留学生　留学生　　　同学　クラスメート　朋友　友人
　 lǎoshī　　　　　xuésheng　　　　 liúxuéshēng　　　 tóngxué　　　　　　péngyou

● 公务员　公務員　　公司　会社　　　职员　職員
　 gōngwùyuán　　　 gōngsī　　　　　 zhíyuán

● 课本　教科書　　　本子　ノート　　词典　辞書　　　书包　カバン　　钱包　財布
　 kèběn　　　　　　 běnzi　　　　　 cídiǎn　　　　　 shūbāo　　　　　 qiánbāo

　 手机　携帯電話　　地图　地図
　 shǒujī　　　　　　dìtú

● 中国 Zhōngguó　　汉语 Hànyǔ　　　中文 Zhōngwén　　　中国人 Zhōngguórén
　 日本 Rìběn　　　　日语 Rìyǔ　　　 日文 Rìwén　　　　 日本人 Rìběnrén

1 所有の "有" yǒu 「〜をもっている」

● "没" méi は "有" 専用の
否定の副詞。

| 肯定 | 我 有 一 本 汉语 课本。 | 私は中国語の教科書を（1冊）もってい |
| | Wǒ yǒu yì běn Hànyǔ kèběn. | ます。 |

| 否定 | 我 没 有 汉日 词典。 | 私は中日辞典をもっていません。 |
| | Wǒ méi yǒu HànRì cídiǎn. | |

| 疑問① | 你 有 日汉 词典 吗？ | あなたは日中辞典をもっていますか？ |
| | Nǐ yǒu RìHàn cídiǎn ma？ | |

| 疑問② | 你 有 没 有 日汉 词典？ | あなたは日中辞典をもっていますか？ |
| | Nǐ yǒu méi yǒu RìHàn cídiǎn？ | |

2 人や物の数え方 数 ＋ 量詞 ＋ 名詞

● "一" yī の変調
  yī ＋第4声 → yí
  yī ＋第1、2、3声 → yì

● "个" はもと gè（第4声）

● "两" liǎng ＝ふたつ
  （一桁の「2」が単独の
  とき）

● 指示代詞の位置 ＆ "一"
  の省略
  这（一）本书
  那两本书
  哪（一）本书

一 本 书 1冊の本／本1冊
yì běn shū

一 个 人 1人の人　　两 个 朋友 2人の友人　　三 口 人 3人家族
yí ge rén　　liǎng ge péngyou　　sān kǒu rén

一 张 桌子 1つの机　　两 把 椅子 2脚のイス　　三 只 猫 3匹のネコ
yì zhāng zhuōzi　　liǎng bǎ yǐzi　　sān zhī māo

一 条 狗 1匹の犬　　两 杯 茶 2杯のお茶　　三 瓶 啤酒 3本のビール
yì tiáo gǒu　　liǎng bēi chá　　sān píng píjiǔ

3 "几" jǐ と "多少" duōshao　　数を聞く疑問詞

● 予測される数によって
　使い分ける。
　"几" jǐ：1～9（一桁台）
　"多少" duōshao：10～∞

Q：几　个　人？　何人？　　　——　A：两　个　人。　2人。
　Jǐ　ge　rén ?　　　　　　　　　　　　　Liǎng　ge　rén.

● "多少" ではふつう量詞
　を省略するが、返答で
　数を言うときには量詞
　が復活。

Q：多少　人？　何人？　　　　——　A：二十二　个　人。　22人。
　Duōshao　rén ?　　　　　　　　　　　Èrshi'èr　ge　rén.

4 お金の数え方　　数 ＋ 量詞 ＋ 名詞（"钱" qián）

話し言葉　一　块　　　一　毛　　　一　分
　　　　　yí　kuài　　yì　máo　　yì　fēn

書き言葉　一　元　　　一　角　　　一　分
　　　　　yì　yuán　　yì　jiǎo　　yì　fēn

Q：多少　钱？　いくら？　—— A：十五　块　五　（毛　钱）。　15.5元です。
　Duōshao　qián ?　　　　　　Shíwǔ　kuài　wǔ　(máo　qián).

5 時刻の言い方　　数 ＋ 量詞 ＋ 名詞（"钟" zhōng）

● その昔時刻を知るのに
　はもっぱらお寺でつく
　鐘の音が頼り、"两点
　钟" とは「二つきの鐘」
　のこと。

1:00　一　点　　　2:00　两　点　　　2:05　两　点　零　五　分
　　　yì　diǎn　　　　　liǎng diǎn　　　　liǎng diǎn líng　wǔ　fēn

2:15　两　点　一　刻／十五（分）　　2:30　两　点　半／三十（分）
　　　liǎng diǎn yí　kè ／shíwǔ (fēn)　　　liǎng diǎn bàn ／ sānshí (fēn)

2:45　两　点　三　刻　／　四十五（分）
　　　liǎng diǎn sān kè　／　sìshiwǔ　(fēn)

2:55　差　五　分　三　点　　／　　两　点　五十五（分）
　　　chà wǔ　fēn sān diǎn　／　liǎng diǎn　wǔshiwǔ (fēn)

6 副詞の "还" hái「さらに～も」、"只" zhǐ「～だけ」

我　有　课本，　有　本子，　还　有　词典。　私は教科書、ノート、それに辞
Wǒ yǒu kèběn,　yǒu běnzi,　hái yǒu cídiǎn.　書をもっています。

我　没　有　弟弟，　只　有　妹妹。　私は弟はいなくて、妹だけです。
Wǒ méi yǒu dìdi,　zhǐ yǒu mèimei.

A 1 （　　）内に適当な量詞を入れ、"一"の上に声調記号をつけましょう。　🔊 38

1）一（　　）朋友
　　　　péngyou

2）一（　　）桌子
　　　　zhuōzi

3）一（　　）椅子
　　　　yǐzi

4）一（　　）小说
　　　　xiǎoshuō

5）一（　　）咖啡
　　　　kāfēi

6）一（　　）酒
　　　　jiǔ

杯	瓶	张	本	个	把
bēi	píng	zhāng	běn	ge	bǎ

A 2 次の時間と金額を中国語で言い、漢字で書きましょう。

時間　1）　6：00 ＿＿＿＿＿＿＿　　2）　7：15 ＿＿＿＿＿＿＿　　3）　8：05 ＿＿＿＿＿＿＿

　　　4）　9：30 ＿＿＿＿＿＿＿　　5）　10：45 ＿＿＿＿＿＿＿　　6）　2：00 ＿＿＿＿＿＿＿

　　　7）　2：30 ＿＿＿＿＿＿＿　　8）　2：55 ＿＿＿＿＿＿＿　　9）　4：25 ＿＿＿＿＿＿＿

金額　1）　2元 ＿＿＿＿＿＿＿　　2）　2.5元 ＿＿＿＿＿＿＿　　3）　20元 ＿＿＿＿＿＿＿

　　　4）　1.5元 ＿＿＿＿＿＿＿　　5）　22元 ＿＿＿＿＿＿＿　　6）55.8元 ＿＿＿＿＿＿＿

A 3 次のフレーズを、1）～3）は日本語に、4）～6）は中国語（ピンインも）に訳しましょう。　🔊 39

1）早上　七　点　半　　　＿＿＿＿＿＿＿＿＿＿＿＿＿＿＿＿＿＿＿＿
　　zǎoshang　qī　diǎn　bàn

2）上午　十一　点　三　刻　＿＿＿＿＿＿＿＿＿＿＿＿＿＿＿＿＿＿＿＿
　　shàngwǔ　shíyī　diǎn　sān　kè

3）星期三　下午　五　点　＿＿＿＿＿＿＿＿＿＿＿＿＿＿＿＿＿＿＿＿
　　xīngqīsān　xiàwǔ　wǔ　diǎn

4）3月3日の正午　　　　＿＿＿＿＿＿＿＿＿＿＿＿　＿＿＿＿＿＿＿＿＿＿＿

5）夜の9時15分　　　　＿＿＿＿＿＿＿＿＿＿＿＿　＿＿＿＿＿＿＿＿＿＿＿

6）日曜日の午後2時　　　＿＿＿＿＿＿＿＿＿＿＿＿　＿＿＿＿＿＿＿＿＿＿＿

A 4 次の会話を日本語に訳し、練習しましょう。　🔊 40

1）Q：你们　都　有　汉语　课本　吗？　＿＿＿＿＿＿＿＿＿＿＿＿＿＿＿＿
　　　　Nǐmen　dōu　yǒu　Hànyǔ　kèběn　ma？

　　A：我们　都　有。　＿＿＿＿＿＿＿＿＿＿＿＿＿＿＿＿＿＿＿＿＿＿＿
　　　　Wǒmen　dōu　yǒu.

2）Q：你们　有　没　有　汉语　词典？　＿＿＿＿＿＿＿＿＿＿＿＿＿＿＿＿
　　　　Nǐmen　yǒu　méi　yǒu　Hànyǔ　cídiǎn？

　　A：我　没　有　汉语　词典，他　有　一　本。＿＿＿＿＿＿＿＿＿＿＿＿
　　　　Wǒ　méi　yǒu　Hànyǔ　cídiǎn,　tā　yǒu　yì　běn.

B1 次の量詞を使って、それぞれ "一" と "两" の数で練習しましょう。

1）**个** ge： 本子 ノート 汉字 漢字 苹果 リンゴ 孩子 子ども
　　　　　běnzi 　　　Hànzì 　　　píngguǒ 　　　háizi

2）**张** zhāng： 纸 紙 邮票 切手 地图 地図 床 ベッド
　　　　　zhǐ 　　　yóupiào 　　　dìtú 　　　chuáng

3）**枝** zhī： 笔 筆記用具 铅笔 鉛筆 圆珠笔 ボールペン 钢笔 万年筆
　　　　　bǐ 　　　qiānbǐ 　　　yuánzhūbǐ 　　　gāngbǐ

4）**条** tiáo： 裤子 ズボン 裙子 スカート 路 道
　　　　　kùzi 　　　qúnzi 　　　lù

5）**把** bǎ： 伞 かさ 刀子 ナイフ 剪子 はさみ
　　　　　sǎn 　　　dāozi 　　　jiǎnzi

6）**块** kuài： 手表 腕時計 手绢儿 ハンカチ 石头 石
　　　　　shǒubiǎo 　　　shǒujuànr 　　　shítou

7）**件** jiàn： 衣服 服 事儿 用事
　　　　　yīfu 　　　shìr

8）**双** shuāng： 鞋 靴 筷子 はし 袜子 靴下
　　　　　xié 　　　kuàizi 　　　wàzi

B2 　**1**の量詞と名詞のセットを参考に、次の文を完成させて、日本語に訳しましょう。

1）我 有 两（　　　）苹果 和 一（　　　）刀子。_____
　Wǒ yǒu liǎng 　　píngguǒ hé yì 　　　dāozi. 　　_____
　　　　　　　　　"和"＝～と

2）他 有 五（　　）纸 和 一（　　）剪子。 _____
　Tā yǒu wǔ 　　zhǐ hé yì 　　　jiǎnzi. 　_____

3）我 只 有 一（　　）钱。 _____
　Wǒ zhǐ yǒu yí 　　qián. 　_____

B3 　次の文を中国語に訳しましょう。

1）Q：李先生のお子さんは何人ですか？　_____
　A：3人で、全員男の子です。 　_____
　　　　男の子 ="男孩儿" nánháir

2）私は鉛筆、ボールペン、それに万年筆ももっています。

　_____

C 1　（　　）内に適当な量詞を入れ、日本語に訳しましょう。

1)　Q：你 有 多少 中文书？ _____
　　　Nǐ yǒu duōshao Zhōngwénshū?

　　A：我 只 有 两（　　）。 _____
　　　Wǒ zhǐ yǒu liǎng　　　　.

2)　Q：你 有 几（　　）鞋？ _____
　　　Nǐ yǒu jǐ　　　xié?

　　A：我 有 四（　　）鞋，一（　　）是 皮鞋，一（　　）是 雨鞋，
　　　Wǒ yǒu sì　　　xié, yì　　　shì píxié, yì　　　shì yǔxié,

　　　还 有 两（　　）运动鞋。　**皮鞋** píxié：革靴　**雨鞋** yǔxié：雨靴　**运动鞋** yùndòngxié：スニーカー
　　　hái yǒu liǎng　　　yùndòngxié.

　　　_____

3)　他 没 有 两（　　）钢笔，只 有 一（　　）。
　　　Tā méi yǒu liǎng　　　gāngbǐ, zhǐ yǒu yì　　　.

　　　_____

C 2　次の文を中国語に訳しましょう。　🔊 41

1)　Q：あなたには外国人の友人が何人いますか？ _____

　　A：全部で10人いて、中国人が4人、アメリカ人が2人、フランス人が2人、イギリス人が1人、
　　　それにドイツ人が1人です。

　　　_____

　　　_____

2)　Q：この2冊の辞書は誰のですか？ _____

　　A：どちらも李さんのです。 _____

3)　Q：どちらの教科書があなたのですか？ _____

　　A：これが私のです。 _____

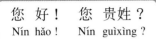

会 話　　お名前は？②

🔊 42

您 好！　您 贵姓？
Nín hǎo!　Nín guìxìng?

我 姓 陈，名 叫 凯歌。
Wǒ xìng Chén, míng jiào kǎigē.

她 姓 三井。
Tā xìng Sānjǐng.

她 姓 什么？
Tā xìng shénme?

● ちょっとお話が…

（你） 有 什么 事儿？
(Nǐ) yǒu shénme shìr?

张 老师，我 有
Zhāng lǎoshī, wǒ yǒu

（一）件 事儿……。
(yí) jiàn shìr.......

単語のまとめ

● 国と首都　　外国 wàiguó

日本 Rìběn	东京 Dōngjīng	印度 Yìndù	新德里 Xīndélǐ	英国 Yīngguó	伦敦 Lúndūn
中国 Zhōngguó	北京 Běijīng	不丹 Bùdān	廷布 Tíngbù	法国 Fǎguó	巴黎 Bālí
韩国 Hánguó	汉城 Hànchéng	俄国 Éguó	莫斯科 Mòsīkē	意大利 Yìdàlì	罗马 Luómǎ
越南 Yuènán	河内 Hénèi	美国 Měiguó	华盛顿 Huáshèngdùn	德国 Déguó	柏林 Bólín

● 一日の時間帯

早上	晚上	白天	上午	下午	中午
zǎoshang	wǎnshang	báitiān	shàngwǔ	xiàwǔ	zhōngwǔ

● 曜日の言い方

星期一	星期二	星期三	星期四	星期五	星期六	星期天（星期日）
xīngqīyī	xīngqī'èr	xīngqīsān	xīngqīsì	xīngqīwǔ	xīngqīliù	xīngqītiān　xīngqīrì

第3课 Dì sān kè

1 所在の "在" zài 「～はドコソコにある／いる」

モノ／ヒト＋ 在 ＋場所

书 **在** 桌子上。
Shū　　zài　　zhuōzishang.
本は机の上にあります。

学生　都 **在** 教室(里)。
Xuésheng dōu　zài　　jiàoshì(li).
学生はみな教室にいます。

他　白天 **不　在** 家。
Tā　báitiān　bú　　zài　jiā.
彼は昼間は家にいません／留守にしています。

2 存在の "有" yǒu 「ドコソコに～がある／いる」

場所＋ 有 ＋モノ／ヒト

桌子上　　**有** 一 本 书。
Zhuōzishang　yǒu　yì　běn　shū.
机の上に（1冊の）本があります。

教室里 **有** 十五 个 学生。
Jiàoshìli　yǒu　shíwǔ　ge　xuésheng.
教室には学生が15人います。

家里 白天 **没 有** 人。
Jiāli　báitiān　méi　yǒu　rén.
昼間、家には誰もいません。

3 指示代名詞（場所）

● "哪里" nǎli の実際の音は náli。"里" がもとlǐであるため。

近　称	遠　称	疑　問
这儿 zhèr	那儿 nàr	哪儿 nǎr
这里 zhèli	那里 nàli	哪里 nǎli

4 位置を表す語

- 上边　　下边
  shàngbian　xiàbian
- 里边　　外边
  lǐbian　　wàibian
- 前边　　后边
  qiánbian　hòubian
- 左边　　右边
  zuǒbian　　yòubian
- 中间　　旁边　　对面　　斜对面　　附近
  zhōngjiān　pángbiān　duìmiàn　xiéduìmiàn　fùjìn
- 东边　　南边　　西边　　北边
  dōngbian　nánbian　xībian　běibian

"上边"と"里边"
- 名詞の後では"边"を省略。発音は軽声で。
- 名詞の前では"边"をつける。

桌子**上**　机の上　　　　　教室**里**　教室の中
zhuōzishang　　　　　　　jiàoshìli

上边／里边　　的　东西　　　　上／中のもの
shàngbian / lǐbian　de　dōngxi.

- **"的"に注意**

东边　**的**　教学楼　　　　　　　東側の教室棟
dōngbian　de　jiàoxuélóu

教学楼　（的）　东边　　　　　　教室棟の東側
jiàoxuélóu　(de)　dōngbian

- 〈～と～の間〉

邮局　**和**　银行　**的**　中间　　　郵便局と銀行の間
yóujú　hé　yínháng　de　zhōngjiān

5 人の場所化「ダレソレの所」

你　的　书　在　小　张　**那儿**。　あなたの本は張さんの所です。
Nǐ　de　shū　zài　xiǎo　Zhāng　nàr.

我　**这儿**　没　有　汉日　词典。　私の所には中日辞典はありません。
Wǒ　zhèr　méi　yǒu　HànRì　cídiǎn.

6 "是" shì の省略

目的語が数や数を聞く疑問詞であれば、動詞の"是"は省略できる。

今天　（是）　星期几?　　　　　今日は何曜日ですか？
Jīntiān　(shì)　xīngqījǐ?

- 否定のときは副詞"不"をつけるため、動詞"是"を復活させる。

今天　不　是　星期一。　　　　今日は月曜日ではありません。
Jīntiān　bú　shì　xīngqīyī.

7 時間を表わす語の位置 〈動詞の前であればよい〉

你　**明天**　在　家　吗?　　　あなたは明日家にいますか？
Nǐ　míngtiān　zài　jiā　ma?

明天　你　在　家　吗?　　　明日、あなたは家にいますか？
Míngtiān　nǐ　zài　jiā　ma?

29

A 1 学校内の施設いろいろ：発音を聞いて声調をつけましょう。 🔊44

1) 教学楼　教室棟
jiaoxuelou

2) 图书馆　図書館
tushuguan

3) 体育馆　体育館
tiyuguan

4) 操场　運動場
caochang

5) 游泳池　プール
youyongchi

6) 书店　本屋
shudian

7) 小卖部　売店
xiaomaibu

8) 食堂　食堂
shitang

9) 洗手间　お手洗い
xishoujian

10) 礼堂　講堂
litang

11) 办公楼　事務棟
bangonglou

12) 办公室　事務室
bangongshi

A 2 上の単語を参考にして、次のフレーズを中国語にしましょう。

1) 体育館の前 _____

2) 後ろの運動場 _____

3) プールの向かい _____

4) 左の事務室 _____

5) 講堂のとなり _____

6) 南の教室棟 _____

7) 売店と食堂の間 _____

A 3 （　　）内に"在"か"有"を入れて、日本語に訳しましょう。 🔊45

1) Q：桌子上（　　）什么？　_____
Zhuōzishang　　　shénme?

A：桌子上（　　）一　个　本子。_____
Zhuōzishang　　　yí　ge　běnzi.

2) Q：你　家（　　）哪儿？　_____
Nǐ　jiā　　　nǎr?

A：我　家（　　）北京。_____
Wǒ　jiā　　　Běijīng.

3) Q：你　这儿（　　）没（　　）日汉　词典？
Nǐ　zhèr　　　méi　　　RìHàn　cídiǎn?

_____

A：我　这儿　没（　　），小　李　那儿（　　）一　本。
Wǒ　zhèr　méi　　　,　xiǎo　Lǐ　nàr　　　yì　běn.

_____

4) Q：请问，洗手间（　　）哪儿？_____
Qǐngwèn, xǐshǒujiān　　　nǎr?

A：（　　）那儿，教室　对面。_____
　　　nàr,　jiàoshì　duìmiàn.

B 1 次の日本語になるように、単語を並べかえましょう。

1）本屋は図書館のとなりにあります。

（ 图书馆　　书店　　旁边　　在 ）
　　túshūguǎn　shūdiàn　pángbiān　zài

_____

2）体育館の前に運動場が（ひとつ）あります。

（ 操场　　体育馆　　前边　　一　　个　　有 ）
　　cāochǎng　tǐyùguǎn　qiánbian　yí　ge　yǒu

_____

3）私たちの学校にはプールが２つあり、どちらも体育館の後ろにあります。

（ 体育馆　　游泳池　　我们　　都　　学校　　两　　个　　后边　　在　　有 ）
　　tǐyùguǎn　yóuyǒngchí　wǒmen　dōu　xuéxiào　liǎng　ge　hòubian　zài　yǒu

_____

B 2 （　）内に"在"か"有"を入れて、日本語に訳しましょう。　　🔊 46

道に迷ったら

1）A：劳驾，这儿（　　　）邮局 吗?　　_____
　　　Láojià,　zhèr　　　　　yóujú　ma?

　　B：那 座 楼 前边（　　）一 个。　_____
　　　Nà　zuò　lóu qiánbian　　　yí　ge.

　　A：谢谢!　　　　　　　　　　　　_____
　　　Xièxie!

　　B：没 什么。　　　　　　　　　　_____
　　　Méi　shénme.

2）A：请问，　东京站 （　　　）哪儿?　_____
　　　Qǐngwèn,　Dōngjīngzhàn　　　nǎr?

　　B：（　　　）南边。　　　　　　　_____
　　　　　　　　nánbian.

　　A：谢谢!　　　　　　　　　　　　_____
　　　Xièxie!

　　B：不 客气。　　　　　　　　　　_____
　　　Bú　kèqi.

C 1　次の文を中国語に訳しましょう。

1）映画館のとなりにスーパーが（ひとつ）あります。

_____

2）李さんはどこですか？　——山本さんのところです。

_____　——　_____

3）教室にはまだ２、３人の学生がいます。

_____

4）運動場には誰もいません。

_____

5）お父さんは家にいますか？　——いません、会社です。

_____　——　_____

C 2　（　）内に"在"か"有"を入れて、日本語に訳しましょう。　47

天安门　（　）　北京　的　中心。　它　的　前边　是　天安门　广场，　后边　是
Tiān'ānmén　　　　Běijīng　de　zhōngxīn.　Tā　de　qiánbian　shì　Tiān'ānmén　guǎngchǎng,　hòubian　shì

故宫。　西边（　）一　个　公园，　劳动人民　文化宫　（　）它　的　东边。
Gùgōng.　Xībian　　yí　ge　gōngyuán,　Láodòngrénmín　wénhuàgōng　　tā　de　dōngbian.

天安门　广场　东边（　）一　个　博物馆，　西边　是　人民大会堂。
Tiān'ānmén　guǎngchǎng　dōngbian　　yí　ge　bówùguǎn,　xībian　shì　Rénmíndàhuìtáng.

故宫

会 話　何人家族？

🔊 48

你 家 有 几 口 人 ？
Nǐ jiā yǒu jǐ kǒu rén ?

我 家 一共 有 六 口 人 ，
Wǒ jiā yígòng yǒu liù kǒu rén,

爷爷、 奶奶、 爸爸、 妈妈、 哥哥
yéye、 nǎinai、 bàba、 māma、 gēge

和 我。 你 呢 ？
hé wǒ. Nǐ ne ?

単語のまとめ

● 町の建物や施設

超市　スーパー	便利店　コンビニ	百货商店　デパート
chāoshì	biànlìdiàn	bǎihuò shāngdiàn

大楼　ビル	电影院　映画館	公园　公園
dàlóu	diànyǐngyuàn	gōngyuán

银行　銀行	邮局　郵便局	派出所　交番
yínháng	yóujú	pàichūsuǒ

加油站　ガソリンスタンド	咖啡馆　喫茶店	餐厅　レストラン
jiāyóuzhàn	kāfēiguǎn	cāntīng

饭店　ホテル	车站　駅・停留所	
fàndiàn	chēzhàn	

● 日〈きのう・きょう・あす〉

♣ ポイントは "前" と "后"

今天　jīntiān

昨天　zuótiān	前天　qiántiān	大前天　dàqiántiān
明天　míngtiān	后天　hòutiān	大后天　dàhòutiān

● 年〈きょねん・ことし・らいねん〉

今年　jīnnián

去年　qùnián	前年　qiánnián	大前年　dàqiánnián
明年　míngnián	后年　hòunián	大后年　dàhòunián

● 月〈せんげつ・こんげつ・らいげつ〉

♣ ポイントは "上" と "下"

这个月　zhègeyuè

上（个）月　shàng(ge)yuè	上上（个）月　shàngshàng(ge)yuè
下（个）月　xià(ge)yuè	下下（个）月　xiàxià(ge)yuè

● 週〈せんしゅう・こんしゅう・らいしゅう〉

这个星期　zhègexīngqī

上（个）星期　shàng(ge)xīngqī	上上（个）星期　shàngshàng(ge)xīngqī
下（个）星期　xià(ge)xīngqī	下下（个）星期　xiàxià(ge)xīngqī

1 動詞述語文　基本の形は S ＋ V ＋ O

我们　学习　汉语。
Wǒmen　xuéxí　Hànyǔ.

私たちは中国語を勉強します。

我　去　中国。
Wǒ　qù　Zhōngguó.

私は中国へ行きます。

我　看　电视。
Wǒ　kàn　diànshì.

私はテレビを見ます。

2 連動文　S ＋ V ＋（O）＋ V ＋（O）

ひとつの文に動詞が2つ以上ある文。

● 動詞は動作順に。

我　去　中国　学习　汉语。
Wǒ　qù　Zhōngguó　xuéxí　Hànyǔ.

私は中国語を勉強しに中国へ行きます。

我　看　电视　讲座　学习　汉语。
Wǒ　kàn　diànshì　jiǎngzuò　xuéxí　Hànyǔ.

私はテレビ講座で中国語を勉強します。

● 最初の動詞が動作のない
"有" yǒu "没有" méi yǒu
であるもの。

明天　我　有　时间　去　看　你。
Míngtiān　wǒ　yǒu　shíjiān　qù　kàn　nǐ.

明日私はあなたに会いに行く時間があります。

我　没有　钱　买。
Wǒ　méi yǒu　qián　mǎi.

私は買うお金がありません。

3 2つ目的語をもつ動詞　S ＋ V ＋ O₁ ＋ O₂

ひとつの文に目的語が2つある文。

● 目的語は「〜に〜を」で、
「人＋物」の順。

我　给　你　这　本　书。
Wǒ　gěi　nǐ　zhè běn shū.

私はあなたにこの本をあげます。

我　送　他　一　本　小说。
Wǒ　sòng　tā　yì běn xiǎoshuō.

私は彼に小説を1冊プレゼントします。

● 2つ目的語をもつ動詞は
物を「あげたり、もらった
り」、あるいは情報・知識
を「伝える」意味をもつ。

王　老师　教　我们　汉语。
Wáng　lǎoshī　jiāo　wǒmen　Hànyǔ.

王先生は私たちに中国語を教えます。

4 選択疑問文「AそれともB?」　SV（O）"还是"（S）V（O）

● "还是"は動詞フレーズをつなげる接続詞。①動詞が"是"であれば後のフレーズの"是"は省略。②主語が前後同じであれば後のフレーズでは省略。

你　来　还是　他　来？
Nǐ　lái　háishi　tā　lái？

あなたが来るの？　それとも彼が来るのですか？

你　要　这　个　还是　要　那　个？
Nǐ　yào　zhè　ge　háishi　yào　nà　ge？

あなたはこれがほしいの？　それともあれがほしいのですか？

他　是　中国人　还是　日本人？
Tā　shì　Zhōngguórén　háishi　Rìběnrén？

彼は中国人ですか？　それとも日本人ですか？

5 動詞＋名詞　"的" de でつなぐ

他　写　的　信
tā　xiě　de　xìn

彼が書いた手紙

我　给　他　的　书
wǒ　gěi　tā　de　shū

私が彼にあげた本

● "～的 时候" ~de shíhou
「～する／したとき」

吃饭　的　时候，我们　不　看　电视。
Chīfàn　de　shíhou,　wǒmen　bú　kàn　diànshì.

食事をするときに、私たちはテレビを見ません。

● "什么 时候" shéme shíhou
「いつごろ」

你　什么 时候　来？
Nǐ　shénme　shíhou　lái？

いつ来ますか？

——我　明天　来。
Wǒ　míngtiān　lái.

明日来ます。

6 禁止の表現2つ　"别" bié と "不要" búyào

● "别"は口語でよく使われ、「～しないでほしい」というニュアンスがある。

别　笑！　笑わないで！
Bié　xiào！

不要　笑！　笑うな！
Búyào　xiào！

上课　的　时候，不要　说话。　授業中はおしゃべりをしてはいけません。
Shàngkè　de　shíhou,　búyào　shuōhuà.

A 1　一日の生活 Ⓐ　発音を聞いて声調記号をつけ、練習しましょう。　🔊 50

1) 起床　起きる
qichuang

2) 洗脸　顔を洗う
xi lian

3) 吃饭　食事をする
chifan

4) 上学　学校へ行く
shangxue

5) 上课　授業を受ける／する
shangke

6) 下课　授業が終わる
xiake

7) 回家　帰宅する
hui jia

8) 洗澡　入浴する
xizao

9) 睡觉　眠る
shuijiao

A 2　次の文を中国語に訳し、ピンインも書きましょう。　🔊 51

1) Q： あなたたち外国語は何を勉強していますか？

　　　_____　　_____

　　A： 私たちは全員中国語を学んでいます。

　　　_____　　_____

2) Q： あなたはどこへ行くのですか？

　　　_____　　_____

　　A： 私は図書館へ行きます。

　　　_____　　_____

3) Q： 毎朝あなたは何を食べますか？　　毎朝→「毎日＋朝」　毎日 = "每 天" měi tiān

　　　_____　　_____

　　A： 朝私は食事をとらず、コーヒーを１杯飲むだけです。

　　　_____　　_____

A 3　単語を次の質問文になるように並べかえ、返答文は中国語に訳しましょう。

1) Q： 私は自転車で登校します。あなたは？

　　　（ 我　你　上学　自行车　骑　呢 ）_____
　　　　Wǒ　nǐ　shàngxué　zìxíngchē　qí　ne

　　A： 私はバスで行きます。　　　_____

2) Q： あなたは彼に何をプレゼントするのですか？

　　　（ 你　他　什么　送 ）_____
　　　　nǐ　tā　shénme　sòng

　　A： 私は彼に本を１冊プレゼントします。　_____

3) Q： この携帯（電話）はあなたの？　それとも他の人のですか？

　　　（ 你　别人　的　的　是　还是　个　这　手机 ）
　　　　nǐ　biérén　de　de　shì　háishi　ge　zhè　shǒujī

　　　_____

　　A： これは私のです。　_____

B 1 「しないで！」というときの一言。日本語に訳して練習しましょう。 🔊 52

1）感情的にならないで…

- 别 笑 啊！ "笑"＝笑う
  Bié xiào a! _____

- 别 哭 啊！ "哭"＝泣く
  Bié kū a! _____

- 别 生气 啊！ "生气"＝怒る
  Bié shēngqì a! _____

- 别 担心， 有 我 呢。 "担心"＝心配する
  Bié dānxīn, yǒu wǒ ne. _____

2）危ない！

- 别 跑！ 有 车！ "跑"＝走る
  Bié pǎo! Yǒu chē! _____

- 不要 喝！ 有 毒！
  Búyào hē! Yǒu dú! _____

B 2 次の日本語になるように、単語を並べかえましょう。

1）私は中国人の友人が２人いるので、中国語を話すチャンスがあります。 "机会"＝チャンス

（ 我 汉语 机会 中国 两 个 朋友 有 有 说 ）
 wǒ Hànyǔ jīhuì Zhōngguó liǎng ge péngyou yǒu yǒu shuō

_____

2）張さんはいつも私たちに中国語を教えてくれるので、私たちはみな彼のことを張先生と呼んでい
ます。 "张同学"＝張さん、"经常"＝いつも

（ 张 同学 张 老师 我们 我们 他 汉语 教 叫 都 经常 ）
 Zhāng tóngxué Zhāng lǎoshī wǒmen wǒmen tā Hànyǔ jiāo jiào dōu jīngcháng

_____

3）明日私の家に遊びにいらっしゃい！ "玩儿"＝遊ぶ

（ 你 我 家 玩儿 来 明天 吧 ）
 nǐ wǒ jiā wánr lái míngtiān ba

_____

B 3 次の文を中国語に訳しましょう。

1）明日は彼が来るの？　それともあなたが行くのですか？

_____

2）私は朝６時に起きて、夜11時に寝ます。

_____

3）山本先生は私たちに中国語を教えていて、さらに中国人留学生に日本語も教えています。

_____

C 1　次の日本語になるように単語を並べかえましょう。

1）買物での支払い

客：では、50 元で。　　　　　　　　店員：25 元のおつりです。

（ 五十　你　给　块 ）　　　　　　（ 二十五　您　找　块 ）　"找钱"＝つり銭
　　wǔshí　nǐ　gěi　kuài　　　　　　èrshiwǔ　nín　zhǎo　kuài　　　を出す

_____　　　　　_____

2）テストの前に先生が…

明日はテストですから、絶対遅刻してはいけません。

（ 你们　有　明天　不要　考试　千万　迟到 ）　"考试"＝テスト　"千万"＝絶対に
　　nǐmen　yǒu　míngtiān　búyào　kǎoshì　qiānwàn　chídào　　"迟到"＝遅刻する

_____

3）髪になにかが…

じっとしてて、髪に小さな虫が…。

（ 你　虫子　头发　有　动　上　一　只　别 ）　"动"＝動く
　　nǐ　chóngzi　tóufa　yǒu　dòng　shang　yì　zhī　bié

_____

4）帰宅したお父さんに、お母さんの一言

先にごはんにします？　それともお風呂？

（ 你　先　先　还是　洗澡　吃饭 ）
　　nǐ　xiān　xiān　háishi　xǐzǎo　chīfàn

_____

C 2　次の文を中国語に訳しましょう。

1）今私は読む小説がないので、図書館に 1 冊借りに行きます。　今＝"现在" xiànzài　借りる＝"借" jiè

_____

2）中華料理を食べますか？　それとも和食？　中華料理＝"中国菜" Zhōngguócài　和食＝"日本菜" Rìběncài

_____

3）両親は毎月私におこづかいをくれます。　毎月＝"每个月" měi ge yuè　おこづかい＝"零用钱" língyòngqián

_____

会 话　どこへ行くの？

喂，张　丽！
Wèi, Zhāng　Lì！

啊，是 你，李 宁！你 好！
Ā，　shì nǐ，　Lǐ Níng！Nǐ hǎo！

你 好。你 去 哪儿？
Nǐ hǎo. Nǐ qù　nǎr？

我 去 商店 买
Wǒ　qù　shāngdiàn mǎi

本子，你 去 不 去？
běnzi，　nǐ　qù　bu　qù？

我 也 一起 去！
Wǒ　yě　yìqǐ　qù！

単語のまとめ

一日の生活 Ⓑ

● 买　东西　買物をする　　洗　衣服　洗濯をする
mǎi dōngxi　　　　　　　xǐ　yīfu

打扫　房间　部屋を掃除する　锻炼　身体　トレーニングをする
dǎsǎo fángjiān　　　　　　duànliàn　shēntǐ

预习／复习　功课　授業の予習／復習をする　　学习　外语　外国語を学ぶ
yùxí　fùxí　gōngkè　　　　　　　　　　xuéxí　wàiyǔ

● 吃　早饭／午饭／晚饭　朝食／昼食／夕食を食べる　● 公交车　バス・電車などの公共交通
chī　zǎofàn wǔfàn wǎnfàn　　　　　　　　gōngjiāochē

喝　茶／水／酒　お茶／水／酒を飲む　　公共汽车　バス
hē　chá shuǐ jiǔ　　　　　　　　　gōnggòng qìchē

● 骑　自行车／车　自転車に乗る　　地铁　地下鉄
qí　zìxíngchē chē　　　　　　　　dìtiě

坐　车　車に乗る
zuò　chē

第5课 Dì wǔ kè

1 介詞（1） "在" zài と "给" gěi

● 介詞は動詞から生まれた
もの、目的語をもって介
詞フレーズとして、動詞
の前に置く。

主語＋ 介詞 ＋名詞＋動詞＋目的語 （介＋ O）＋（V＋O）

• "在"

動詞 として ▶ 他 在 学校。　　　　　　彼は学校にいます。
　　　　　　Tā　zài　xuéxiào.

介詞 として ▶ 他 在 学校 学习 汉语。彼は学校で中国語を勉強します
　　　　　　Tā　zài xuéxiào xuéxí Hànyǔ.　／しています。

- -

• "给"

動詞 として ▶ 我 给 你 一 个 苹果。　私はあなたにリンゴをひとつあげます。
　　　　　　Wǒ gěi nǐ yí ge píngguǒ.

介詞 として ▶ 我 给 你 打 电话。　　私はあなたに電話をかけます。
　　　　　　Wǒ gěi nǐ dǎ diànhuà.

- -

• "给"

● "给"は介詞になって
も動詞の「あげる／くれ
る」のニュアンスが残っ
ていることが多い。

介詞 として ▶ 我 给 你 买 梨 和 葡萄。私はあなたにナシとブドウを買って
　　　　　　Wǒ gěi nǐ mǎi lí hé pútao.　あげます。

　　　　　　 你 给 我 想 办法 吧。　私のために知恵を出してくださいな。
　　　　　　Nǐ gěi wǒ xiǎng bànfǎ ba.

2 介詞（2） "跟" gēn 「～と、～について」

● よく "跟 gēn ～一起 yìqǐV"
の形になる。"一起"は
副詞。

• "跟"は相手方を引きだす介詞。

我 跟 他 一起 去。　　　　私は彼と一緒に行きます。
Wǒ gēn tā yìqǐ qù.

请 跟 我 一起 念 课文。　私について本文を読んでくだ
Qǐng gēn wǒ yìqǐ niàn kèwén.　さい。

- 離合動詞と"跟"

他 **跟** 谁 结婚?
Tā gēn shéi jiéhūn?

彼は誰と結婚するのですか?

我 **跟** 他 握手。
Wǒ gēn tā wòshǒu.

私は彼と握手をします。

我 常常 **跟** 中国 同学 聊天儿。
Wǒ chángcháng gēn Zhōngguó tóngxué liáotiānr.

私はしょっちゅう中国人のクラスメートとおしゃべりをします。

離合動詞とは内部構造が「動詞＋目的語」になっている動詞。すでに目的語が内包されているため、さらなる目的語をもつことができない。相手方を言うときには"跟"で前に出す。

3 助動詞（1） "想"xiǎng と "要"yào「〜したい」 Ｓ＋助動詞＋Ｖ＋Ｏ

● "想" と "要"
実行性から見れば、"要"の方が強く「〜するつもりだ」のニュアンスがある。

Q: 你 想 / 要 去 中国 吗?
Nǐ xiǎng/yào qù Zhōngguó ma?

あなたは中国へ行きたいですか?

A: yes 我 想 / 要 去。
Wǒ xiǎng/yào qù.

行きたいです。

No 我 不 想 去。
Wǒ bù xiǎng qù.

行きたくありません。

◆ 否定形はどちらも"不想V"。
"不要V" では禁止表現の「〜してはいけない」になってしまう。

万里の長城

A1 離合動詞Ⓐ 発音を聞いて声調記号をつけ、練習しましょう。 🔊 55

1) 开车 運転する
kaiche

2) 游泳 泳ぐ
youyong

3) 做饭 食事を作る
zuofan

4) 见面 会う
jianmian

5) 说话 話す
shuohua

6) 吵架 口げんかする
chaojia

7) 握手 握手する
woshou

8) 结婚 結婚する
jiehun

9) 照相 写真を撮る
zhaoxiang

10) 聊天儿 おしゃべりをする
liaotianr

A2 次のいずれかを入れて文を完成させ、日本語に訳しましょう。

要	想	给	在	跟	一起
yào	xiǎng	gěi	zài	gēn	yìqǐ

1) 她们 俩 是 姐妹，都 （　　　） 这儿 工作。 "俩"＝2人
Tāmen liǎ shì jiěmèi, dōu （　　　） zhèr gōngzuò.

_____

2) 王 老师 （　　　） 我们 讲 汉语 语法。 "语法"＝文法
Wáng lǎoshī （　　　） wǒmen jiǎng Hànyǔ yǔfǎ.

_____

3) 我 明天 （　　） 我 哥哥 （　　） 去 迪士尼乐园。 "迪士尼乐园"＝ディズニーランド
Wǒ míngtiān （　　） wǒ gēge （　　） qù Díshìní lèyuán.

_____

4) 我 （　　） 买 桔子，不 （　　） 买 香蕉。 "桔子"＝ミカン "香蕉"＝バナナ
Wǒ （　　） mǎi júzi, bù （　　） mǎi xiāngjiāo.

A3 単語を次の質問文になるように並べかえ、返答文は中国語に訳しましょう。

1) Q：あなたはどこの大学で学んでいますか？

（ 你 个 学习 哪 大学 在 ）
nǐ ge xuéxí nǎ dàxué zài
_____

A：私は○○大学で学んでいます。 _____

2) Q：あなたは誰といっしょに住んでいますか？

（ 你 谁 住 一起 跟 ）
nǐ shéi zhù yìqǐ gēn
_____

A：私は両親といっしょに住んでいます。 _____

B 1 "不"の位置に注意して、日本語に訳しましょう。

1) 我 **不** 在 公司 工作， 在 学校 工作。
Wǒ bú zài gōngsī gōngzuò, zài xuéxiào gōngzuò.

2) 我 在 家 **不** 看 书， 只 看 电视。
Wǒ zài jiā bú kàn shū, zhǐ kàn diànshì.

3) 你 为 什么 **不** 给 我 打 电话? "为什么"＝どうして
Nǐ wèi shénme bù gěi wǒ dǎ diànhuà?

4) 我 **不** 想 跟 他 一起 去。
Wǒ bù xiǎng gēn tā yìqǐ qù.

B 2 次の日本語になるように単語を並べかえましょう。

1) 彼女は毎晩家に電話をします。

(她 给 每 天 晚上 家里 都 打 电话)
tā gěi měi tiān wǎnshang jiāli dōu dǎ diànhuà

2) この週末、私はコンパに出る予定です。 "周末"＝週末 "参加联欢会"＝コンパに出る

(我 参加 联欢会 要 一 个 这 个 周末)
wǒ cānjiā liánhuānhuì yào yí ge zhè ge zhōumò

3) 夜私は図書館で本を読み、練習問題をします。

(我 图书馆 晚上 做 练习 看 书 在)
wǒ túshūguǎn wǎnshang zuò liànxí kàn shū zài

B 3 次の文を中国語に訳しましょう。

1) 明日の午後2時に喫茶店であなたを待ちます。

2) 私は母にバースデーケーキを（ひとつ）用意する予定です。 バースデーケーキ＝"生日蛋糕" shēngrì dàngāo

3) あなたは行きたいのですか？　それとも行きたくないの？

C 1　離合動詞に注意して、日本語に訳しましょう。　🔊 56

1）我　想　跟　他　见面。
　　Wǒ xiǎng gēn tā jiànmiàn.　＿＿＿＿＿＿＿＿＿＿

2）我　要　跟　他　握手。
　　Wǒ yào gēn tā wòshǒu.　＿＿＿＿＿＿＿＿＿＿

3）他　要　跟　你　结婚。
　　Tā yào gēn nǐ jiéhūn.　＿＿＿＿＿＿＿＿＿＿

4）你　别　跟　他　吵架。
　　Nǐ bié gēn tā chǎojià.　＿＿＿＿＿＿＿＿＿＿

5）我　每　天　都　跟　他　一起　去　游泳。＿＿＿
　　Wǒ měi tiān dōu gēn tā yìqǐ qù yóuyǒng.

6）劳驾，　给　我们　照　张　相，　好　吗？
　　Láojià, gěi wǒmen zhào zhāng xiàng, hǎo ma?

＿＿＿＿＿＿＿＿＿＿＿＿＿＿＿＿＿＿＿＿＿＿＿＿＿＿＿＿＿

C 2　次の日本語になるように単語を並べかえましょう。

1）行かないでください、あなたに話したいことがあります。

（ 你　你　我　走　有　跟　说　别　事儿　要 ）
　 nǐ　nǐ　wǒ　zǒu　yǒu　gēn　shuō　bié　shìr　yào

＿＿＿＿＿＿＿＿＿＿＿＿＿＿＿＿＿＿＿＿＿＿＿＿＿＿＿＿＿

2）来週私は（ある）結婚式に出席する予定なので、式服を（1着）買うつもりです。

（ 我　我　一　个　一　件　参加　婚礼　买　礼服　要　想　下星期 ）
　 wǒ　wǒ　yí　ge　yí　jiàn　cānjiā　hūnlǐ　mǎi　lǐfú　yào　xiǎng　xiàxīngqī

＿＿＿＿＿＿＿＿＿＿＿＿＿＿＿＿＿＿＿＿＿＿＿＿＿＿＿＿＿

C 3　次の文を中国語に訳しましょう。

1）A：今日私は日本料理は食べたくない、中国料理が食べたい。

＿＿＿＿＿＿＿＿＿＿＿＿＿＿＿＿＿＿＿＿＿＿＿＿＿＿＿＿＿

　　B：それでは、私があなたにギョーザを作ってあげましょう。　　それでは＝"那" nà

＿＿＿＿＿＿＿＿＿＿＿＿＿＿＿＿＿＿＿＿＿＿＿＿＿＿＿＿＿

2）家で私を待っていてください、私が車で迎えに行きますから。

＿＿＿＿＿＿＿＿＿＿＿＿＿＿＿＿＿＿＿＿＿＿＿＿＿＿＿＿＿

会 话 待ち合せ

那，我们 明天 早上 九 点 在 学校 门口 集合，好 吗？
Nà, wǒmen míngtiān zǎoshang jiǔ diǎn zài xuéxiào ménkǒu jíhé, hǎo ma?

好，一 言 为 定！
Hǎo, yì yán wéi dìng!

不 见 不 散。
Bú jiàn bú sàn.

単語のまとめ

● 工作 働く
gōngzuò

打 电话 電話をする
dǎ diànhuà

等 人 人を待つ
děng rén

接／送 人 人を迎える／送る
jiē sòng rén

讲 课 授業をする
jiǎng kè

参加 出席する
cānjiā

准备 準備する
zhǔnbèi

走 歩く、立ち去る
zǒu

住 住む／泊まる
zhù

做 练习 練習問題をする
zuò liànxí

包 饺子 ギョーザを作る
bāo jiǎozi

● 離合動詞 Ⓑ

起床　　　吃饭　　　上学　　　上课　　　下课
qǐchuáng　chīfàn　　shàngxué　shàngkè　xiàkè

洗澡　　　睡觉
xǐzǎo　　 shuìjiào

1 形容詞述語文

<table>
<tr><td colspan="2">主語＋程度副詞＋形容詞</td><td></td></tr>
<tr><td>例文A</td><td>这 个 很 好。
Zhè ge hěn hǎo.</td><td>これは（とても）よい。</td></tr>
<tr><td>例文B</td><td>这 个 好， 那 个 不 好。
Zhè ge hǎo, nà ge bù hǎo.</td><td>これはよいが、あれはよくない。</td></tr>
</table>

比 較

形容詞に程度副詞をつけないと、例文Bのように「比較対照」の意味になる。「単独評価」をするには例文Aのように程度副詞をつける必要がある。

程度副詞"很"の2つの役割
① 文法的役割　意味なし。「単独評価」を示すマーク。
② 意味的役割　「とても」。意味をもつときは発音は強めに。

<table>
<tr><td>否　定</td><td>这 个 不 好。
Zhè ge bù hǎo.</td><td>これはよくない。</td></tr>
<tr><td>疑　問</td><td>这 个 好 吗？
Zhè ge hǎo ma?</td><td>これはよいですか？</td></tr>
<tr><td></td><td>这 个 好 不 好？
Zhè ge hǎo bu hǎo?</td><td>これはよいですか？</td></tr>
<tr><td></td><td>这 个 怎么样？
Zhè ge zěnmeyàng?</td><td>これはどうですか？</td></tr>
</table>

● "怎么样"は状態をきく疑問代名詞

"这／那" と "这个／那个"「これ／あれ」

<table>
<tr><td>主　語</td><td>这 ／ 那 是 我 的。
Zhè / Nà shì wǒ de.</td><td>これ／あれは私のです。</td></tr>
<tr><td>目的語</td><td>我 要 这 个 ／ 那 个。
Wǒ yào zhè ge / nà ge.</td><td>私はこれ／あれがほしい。</td></tr>
</table>

● 単独で主語になるのは主に動詞"是"がくるとき。その他では例文A、Bのように量詞を付けた形で。
● 目的語では量詞をつける。

"哪"「どれ」

<table>
<tr><td>主　語</td><td>哪 个 是 你 的?
Nǎ ge shì nǐ de?</td><td>どれがあなたのですか？</td></tr>
<tr><td>目的語</td><td>你 要 哪 个？
Nǐ yào nǎ ge?</td><td>あなたはどれがほしいのですか？</td></tr>
</table>

● "哪"は主語、目的語ともに量詞をつける。

2 よく使われる程度副詞

还 好	比较 好	相当 好	非常 好
hái hǎo	bǐjiào hǎo	xiāngdāng hǎo	fēicháng hǎo
まあまあ	わりあい	かなり	たいへん

特别 好	真 好	最 好
tèbié hǎo	zhēn hǎo	zuì hǎo
とりわけ	本当に	もっとも

● 太~（了）「あまりに」
　tài　(le)
● "不" の位置に注意。

太 好 了	不 太 好	太 不 好
tài hǎo le	bú tài hǎo	tài bù hǎo
すばらしい	あまりよくない	あまりにもよくない

● "有点儿" は不本意であるという否定的なニュアンスがある。

有点儿 ～	有点儿 贵
yǒudiǎnr	yǒudiǎnr guì
いささか	いささか値が高い

3 主述述語文　　主語＋述語（主語＋述語）

今天 天气 很 好。　　　　今日天気は（とても）よい。
Jīntiān tiānqì hěn hǎo

你 学习 忙 不 忙？　　　あなたは勉強が忙しいですか？
Nǐ xuéxí máng bu máng?

4 介詞(3)　"离" lí　「～から」

ある地点から

我 家 离 学校 很 远。　　　自宅は学校から（とても）遠い。
Wǒ jiā lí xuéxiào hěn yuǎn.

我们 学校 离 车站 很 近。　　私の学校は駅から（とても）近い。
Wǒmen xuéxiào lí chēzhàn hěn jìn.

5 形容詞＋名詞

● "多" & "少"
　duō　shǎo

很 多 人
hěn duō rén
（とても）多くの人

不 少 人
bù shǎo rén
少なからずの人

1音節 　1) 好人 坏人
　　　　　hǎorén huàirén
　　　　　善人 悪人

　2) 很 好 的 人
　　hěn hǎo de rén
　　（とても）よい人

2音節 　1) 好看 的 花　きれいな花
　　　　　hǎokàn de huā

　2) 很 好看 的 花　とてもきれいな花
　　hěn hǎokàn de huā

A1 発音を聞いて声調記号をつけ、反対語どうしを結びつけましょう。 🔊 59

A　1）大 da 　　2）高 gao 　　3）长 chang 　　4）远 yuan 　　5）快 kuai

　　6）多 duo 　　7）好 hao 　　8）难 nan 　　9）贵 gui 　　10）干净 ganjing

B　1）近 jin 　　2）容易 rongyi 　　3）坏 huai 　　4）脏 zang 　　5）矮 ai

　　6）便宜 pianyi 　　7）小 xiao 　　8）少 shao 　　9）慢 man 　　10）短 duan

A2 次の文を漢字になおして、日本語に訳しましょう。

1）Wǒmen de jiàoshì hěn gānjìng. _____

　_____

2）Wǒ de shū duō, tā de shǎo. _____

　_____

3）Chēshang rén zhēn duō. _____

　_____

4）Měiguó lí Zhōngguó xiāngdāng yuǎn. _____

　_____

A3 次の文を日本語に訳し、（　）内の程度副詞を使って中国語で答えましょう。

1）Q：你 现在 忙 不 忙？ "现在"＝今 _____
　　Nǐ xiànzài máng bu máng?

　A：（不 太） _____
　　　bú tài

2）Q：你 的 中国 朋友 多 不 多？ _____
　　Nǐ de Zhōngguó péngyou duō bu duō?

　A：（比较） _____
　　　bǐjiào

3）Q：你 累 不 累？ _____
　　Nǐ lèi bu lèi?

　A：（有点儿） _____
　　　yǒudiǎnr

4）Q：这 本 书 有意思 吗？ _____
　　Zhè běn shū yǒuyìsi ma?

　A：（非常） _____
　　　fēicháng

5）Q：中国茶 好喝 吗？ _____
　　Zhōngguóchá hǎohē ma?

　A：（真） _____
　　　zhēn

お元気ですか？
你 身体 好 吗?
Nǐ shēntǐ hǎo ma?

どうも、元気ですよ。
谢谢，很 好。
Xièxie, hěn hǎo.

B1 （　）内に漢字を入れ、日本語に訳しましょう。

1) 他们 俩 是（　　）朋友。_____
　 Tāmen liǎ shì hǎo péngyou.

2) 她 是 一 个（　　　　）的 学生。_____
　 Tā shì yí ge hěn rènzhēn de xuésheng.

3) 那 位（　　　）的 大夫 叫 什么 名字？　"位"＝人を数える尊称　"大夫"＝医者
　 Nà wèi niánqīng de dàifu jiào shénme míngzi?

　 _____

4) 他 的 那 两 本（　）杂志 都 在 我 这儿。
　 Tā de nà liǎng běn xīn zázhì dōu zài wǒ zhèr.

　 _____

B2 どれがいい？形容詞文、動詞文どちらでも。

　　（　）内に"好"か"要"を入れて、日本語に訳しましょう。

1) 这 个 好 还是 那 个（　　）？　　　2) 哪 个（　　）？
　 Zhè ge hǎo háishi nà ge　　?　　　　 Nǎ ge　　?

　 _____　　　　　　　 _____

3) 你 要 这 个 还是（　）那 个？　　　4) 你（　）哪 个？
　 Nǐ yào zhè ge háishi　 nà ge?　　　　 Nǐ　 nǎ ge?

　 _____　　　　　　　 _____

B3 次の日本語になるように、単語を並べかえましょう。

1) 李先生の学生の中では、山田さんの中国語が一番です。

　（李　山田　老师　学生　汉语　好　里　的　的　最）
　 Lǐ Shāntián lǎoshī xuésheng Hànyǔ hǎo li de de zuì

　 _____

2) 私たちの学校は日本人の学生が多くて、留学生は少ない。

　（学校　学生　留学生　日本　我们　多　少）
　 xuéxiào xuésheng liúxuéshēng Rìběn wǒmen duō shǎo

　 _____

3) 我家は学校、駅のどちらにも近い。

　（我　家　学校　车站　离　都　近　很）
　 wǒ jiā xuéxiào chēzhàn lí dōu jìn hěn

　 _____

C 1 次の文を中国語に訳しましょう。

1) 私はこのところ忙しくて、遊ぶ時間がありません。

このところ＝"最近" zuìjìn

_____

2) 私たちは勉強を頑張っているので、進歩もはやい。

進歩＝"进步" jìnbù

_____

3) あなたたちのクラスは男子学生が多いですか？それとも女子学生が多いですか？

男子学生＝"男同学" nán tóngxué 　 女子学生＝"女同学" nǚ tóngxué

_____

4) 中国語はあまり難しくはないが、易しくもないと、思います。

思う＝"觉得" juéde

_____

C 2 次の文を日本語に訳しましょう。

1) 吃 的、穿 的、住 的 都 很 好。
Chī de、chuān de、zhù de dōu hěn hǎo.

"穿"＝着る

_____

2) 图书馆里 很 安静 也 很 干净，我 常 去 那儿。
Túshūguǎnli hěn ānjìng yě hěn gānjìng, wǒ cháng qù nàr.

"安静"＝静かだ
"常"＝よく

_____

3) 爸爸 送 的 生日 礼物 比较 特别，是 一 条 小 狗。
Bàba sòng de shēngrì lǐwù bǐjiào tèibié, shì yì tiáo xiǎo gǒu.

"特别"＝特別である、他と異なる

_____

4) 早上 上学 的 时候，公共汽车 常常 很 挤。
Zǎoshang shàngxué de shíhou, gōnggòngqìchē chángcháng hěn jǐ.

"常常"＝いつも
"挤"＝混んでいる

_____

C 3 （　　　）内に下の形容詞を入れて、日本語に訳しましょう。　🔊60

好 hǎo 　 舒适 shūshì 心地よい 　 挤 jǐ 　 顺利 shùnlì 順調である

铃木 和 山田 坐 公共汽车 去 老师 家 玩儿，路上 有点儿 （　　　），不
Língmù hé Shāntián zuò gōnggòngqìchē qù lǎoshī jiā wánr, lùshang yǒudiǎnr （　　　）, bú

太 （　　　）。老师 的 家 很 （　　　）。他们 中午 一起 包 饺子 吃。他们 包
tài （　　　）. Lǎoshī de jiā hěn （　　　）. Tāmen zhōngwǔ yìqǐ bāo jiǎozi chī. Tāmen bāo

的 饺子 味道 很 （　　　）。　　"味道"＝味
de jiǎozi wèidao hěn （　　　）.

会 话　気候は？ ①

🔊 61

北京 的 天气 怎么样？
Běijīng de tiānqì zěnmeyàng ?

冬天 很 冷。
Dōngtiān hěn lěng.

春天 呢？
Chūntiān ne ?

春天 风 比较 大，雨 很 少。
Chūntiān fēng bǐjiào dà, yǔ hěn shǎo.

夏天 热
Xiàtiān rè

不 热？
bu rè ?

很 热。夏天 常 下 雨，
Hěn rè. Xiàtiān cháng xià yǔ,

下 雨 的 时候，比较 凉快。
xià yǔ de shíhou, bǐjiào liángkuai.

秋天 怎么样？
Qiūtiān zěnmeyàng ?

秋天 最 好，不 冷 也 不 热，
Qiūtiān zuì hǎo, bù lěng yě bú rè,

来 北京 旅游，秋天 比较 好。
lái Běijīng lǚyóu, qiūtiān bǐjiào hǎo.

単語のまとめ

形容詞①

- 大 dà　大きい / 年上
  小 xiǎo　小さい / 年下
- 高 gāo　高い
  低 dī　低い
- 高 gāo　背が高い
  矮 ǎi　低い
- 长 cháng　長い
  短 duǎn　短い

- 远 yuǎn　遠い
  近 jìn　近い
- 快 kuài　速い
  慢 màn　おそい
- 早 zǎo　早い
  晚 wǎn　おそい
- 多 duō　多い
  少 shǎo　少ない

- 好 hǎo　よい
  坏 huài　わるい
- 新 xīn　新しい
  旧 jiù　古い
- 老 lǎo　年をとっている
  年轻 niánqīng　若い
- 难 nán　難しい
  容易 róngyì　易しい

- 贵 guì　値が高い
  便宜 piányi　安い
- 干净 gānjìng　清潔である
  脏 zāng　汚い

- 好看 hǎokàn　見て・きれい　好吃 hǎochī　食べて・おいしい
  好听 hǎotīng　聞いて・きれい　好喝 hǎohē　飲んで・おいしい

- 有意思 yǒuyìsi　面白い　没(有)意思 méi(yǒu)yìsi　つまらない　● 努力 nǔlì　頑張っている
- 累 lèi　疲れている　● 忙 máng　忙しい　● 认真 rènzhēn　まじめである

- 热 rè　暑い / 熱い　　冷 lěng　寒い / 冷たい　　暖和 nuǎnhuo　暖かい
  凉快 liángkuai　涼しい　不 冷 也 不 热 bù lěng yě bú rè　暑からず寒からず

1　比較の表現２つ

- 比較文の述語になるのは形容詞や心理動詞など。

- 比較文の中では、形容詞に "很" などの程度副詞をつけてはいけない。

⟨Ⅰ⟩ **介詞の "比" bǐ**

　A ＋ "比" ＋ B ＋述語

　「A は B より～だ」

| 我 | 比 | 他 | 大。 | 私は彼より年上です。 |
| Wǒ | bǐ | tā | dà. | |

| 他 | 比 | 我 | 喜欢 唱 歌。 | 彼は私より歌うことが好きです。 |
| Tā | bǐ | wǒ | xǐhuan chàng gē. | |

比較したその差は、述語の後へ。

| 我 | 比 | 他 | 大 | 两 岁。 | 私は彼より２歳年上です。 |
| Wǒ | bǐ | tā | dà | liǎng suì. | |

ちょっと＆ずっと

| 这 个 | 比 | 那 个 | 好 | 一点儿。 | これの方がそれよりちょっとよい。 |
| Zhè ge | bǐ | nà ge | hǎo | yìdiǎnr. | |

| 这 个 | 比 | 那 个 | 好 | 多 了。 | これの方があれよりずっとよい。 |
| Zhè ge | bǐ | nà ge | hǎo | duōle. | "多了" duōle ＝ "得多" deduō |

⟨Ⅱ⟩ **動詞の "有 yǒu ／没 有 méi yǒu"**

　A ＋ "有／没 有" ＋ B（这么／那么）＋形容詞

　「A は B（ほど）～である／ない」

- Bを基準としてAがそれに達しているかどうかをいう。Bが人称や場所の代名詞のときはふつう "这么／那么" をつける。
程度・方法の指示代名詞

| 这么 | 那么 |
| zhème | nàme |

| 他 | 有 | 我 | 这么 高。 | 彼は背が私ほどあります。 |
| Tā | yǒu | wǒ | zhème gāo. | |

| 我 | 没 有 | 你 | 那么 用功。 | 私はあなたほど勉強熱心ではありません。 |
| Wǒ | méi yǒu | nǐ | nàme yònggōng. | |

| 这 条 路 | 没 有 | 那 条（路）宽。 | この道路はあの道路ほどの幅はありません。 |
| Zhè tiáo lù | méi yǒu | nà tiáo (lù) kuān. | |

2 比較の否定表現２つ

Q: 你 **比** 他 高 吗?　　　　　　あなたは彼より背が高いですか？
　　Nǐ　bǐ　tā　gāo　ma?

A: ① 反義語で　　我 **比** 他 **矮**。　　　私は彼より背が低いです。
　　　　　　　　　Wǒ　bǐ　tā　ǎi.

　　② "没有" で　我 **没 有** 他 那么 高。私は彼ほどの背の高さはありません。
　　　　　　　　　Wǒ méi　yǒu　tā　nàme　gāo.

3 同等表現　介詞の "跟" gēn

A＋ "跟" ＋B＋一样 / 不一样。　　AはBと同じだ／でない。
　　　　　　　yíyàng　bù yíyàng

我 的 词典 **跟** 他 的 一样。　　私の辞書は彼のと同じです。
Wǒ　de　cídiǎn　gēn　tā　de　yíyàng.

北京话 的 发音 **跟** 普通话 的 不 一样。
Běijīnghuà　de　fāyīn　gēn　pǔtōnghuà　de　bù　yíyàng.

　　　　　　　　　　　　　　　　北京語の発音は標準語のと違います。

● 連用修飾として→　　我 也 **跟** 他 一样 忙。　　私も彼と同じく忙しい。
　　　　　　　　　　　Wǒ　yě　gēn　tā　yíyàng máng.

● "差不多" chàbuduō「ほぼ
同じ」→　　　　　　　这 个 **跟** 那 个 差不多。　これはそれと似たりよったりです。
　　　　　　　　　　Zhè　ge　gēn　nà　ge　chàbuduō.

4 類似表現　動詞の "像～" xiàng「（～に）似ている」

我 **像** 我 父亲。　　　　　　私は父似です。
Wǒ　xiàng　wǒ　fùqin.

我 哥哥 和 弟弟 很 **像**。　　私の兄と弟はそっくりです。
Wǒ　gēge　hé　dìdi　hěn　xiàng.

 63

A 1 発音を聞いて声調記号をつけ、反対語どうしを結びつけましょう。

A 1）深 shen　　2）薄 bao　　3）対 dui　　4）胖 pang

　　5）軽 qing　　6）热闹 renao　　7）聪明 congming

B 1）重 zhong　　2）瘦 shou　　3）笨 ben　　4）安静 anjing

　　5）错 cuo　　6）浅 qian　　7）厚 hou

A 2 次の文を漢字になおして、日本語に訳しましょう。

1）Tā bǐ wǒ xiǎo sān suì.　　_____

_____

2）Nà běn shū yǒu zhè běn cídiǎn zhème hòu.

_____

_____

3）Zhè ge gēn nà ge bù yíyàng.　　_____

_____

4）Wǒ gēn tā yíyàng gāo.　　_____

_____

A 3 次の日本語になるように、単語を並べかえましょう。

1）今年は春の天気が去年とはちがう。

（ 今年　去年　春天　天气　的　跟　一样　不 ）
　 jīnnián qùnián chūntiān tiānqì de gēn yíyàng bù

_____

2）今年は去年より少し寒い。

（ 今年　去年　一点儿　冷　比 ）
　 jīnnián qùnián yìdiǎnr lěng bǐ

_____

3）この2枚の絵はどちらが良いですか？

（ 这　哪　张　张　画儿　两　好 ）　　"画儿"＝絵
　 zhè nǎ zhāng zhāng huàr liǎng hǎo

_____

4）この2枚の絵は似たりよったりです。

（ 这　画儿　张　两　差不多 ）
　 zhè huàr zhāng liǎng chàbuduō

_____

B 1 次の文を日本語に訳し、下線部を主語として、（ ）内の指示を使って言いかえましょう。

1) <u>我　妹妹</u>　十六　岁，弟弟　十四　岁。
Wǒ　mèimei　shíliù　suì,　dìdi　shísì　suì.

_____

（比 bǐ）_____

2) 我　喜欢　听　音乐，<u>我　弟弟</u>　不　太　喜欢　听　音乐。
Wǒ　xǐhuan　tīng　yīnyuè,　wǒ　dìdi　bú　tài　xǐhuan　tīng　yīnyuè.

_____

（没 有 méi yǒu）_____

3) <u>你　那样　的　电脑</u>　我　也　想　买　一　台。　　　　　"电脑"＝パソコン
Nǐ　nàyang　de　diànnǎo　wǒ　yě　xiǎng　mǎi　yì　tái.

_____

（跟〜一样 gēn~yíyàng）_____

4) <u>我　姐姐</u>　二十　岁，他　哥哥　也　二十　岁。
Wǒ　jiějie　èrshí　suì,　tā　gēge　yě　èrshí　suì.

_____

（跟〜一样）_____

🔊 64

B 2 ▨▨▨ 部分にあたる中国語を補って、次の日本語になるように単語を並べかえましょう。

1) A：上海は北京 **より** にぎやかでしょう？　　　　　　　　"吧"＝でしょう

（ 上海　　北京　　热闹　　吧 ）
　Shànghǎi Běijīng　rènao　ba

_____

B：そうですよ、上海は北京 **より** **ずっと** にぎやかで、店も北京 **より** **ずっと** 多いのです。

（ 对　了　上海　北京　北京　商店　多　热闹　也 ）　　"对了"＝そうですよ
　duì　le　Shànghǎi Běijīng Běijīng shāngdiàn duō rènao yě

_____

2) A：上海の豫園と北京の頤和園、この２つの公園はどちらもとても有名ですが、**どちら** が大きい
ですか？

（ 上海　北京　豫园　颐和园　公园　两　这　个　有名　大　非常　的　的　和　都 ）
　Shànghǎi Běijīng Yùyuán Yíhéyuán gōngyuán liǎng zhè ge yǒumíng dà fēicháng de de hé dōu

_____

B：豫園は頤和園 **ほど** 大きくは **ない** のですが、（それは）頤和園 **と同じように** 美しいです。

（ 豫园　颐和园　颐和园　大　漂亮　但是　它 ）　　"但是"＝しかし　"它"＝それ
　Yùyuán Yíhéyuán Yíhéyuán dà piàoliang dànshi tā

_____

55

C 1 次の日本語を中国語に訳しましょう。

1) 私の弟は父似です。 _____

2) この２種類のリンゴは似たりよったりで、どちらも甘くありません。　　　種類 = "种" zhǒng

_____

3) パンはごはんと同じようにおいしい。　　　パン = "面包" miànbāo　　ごはん = "米饭" mǐfàn

_____

4) 北京では、牛肉は豚肉より値段がずっと高い。　　　牛肉 = "牛肉" niúròu　　豚肉 = "猪肉" zhūròu

_____

C 2 次の文を日本語に訳しましょう。

● 日毎に、年毎に…

1) 现在　的　天气　一　天　比　一　天　热。
Xiànzài　de　tiānqì　yì　tiān　bǐ　yì　tiān　rè.

_____

2) 我们　的　生活　一　年　比　一　年　好。
Wǒmen　de　shēnghuó　yì　nián　bǐ　yì　nián　hǎo.

_____

● 多め／少なめ、早め／遅め…

3) 我　比　他　多　睡　两　个　小时。
Wǒ　bǐ　tā　duō　shuì　liǎng　ge　xiǎoshí.

_____

4) 他　比　我　少　睡　两　个　小时。
Tā　bǐ　wǒ　shǎo　shuì　liǎng　ge　xiǎoshí.

_____

5) 我　比　她　早　来　十　分　钟。　　　"十分钟"=10 分間
Wǒ　bǐ　tā　zǎo　lái　shí　fēn　zhōng.

_____

6) 她　比　我　晚　到　十　分　钟。　　　"到"=到着する、来る
Tā　bǐ　wǒ　wǎn　dào　shí　fēn　zhōng.

_____

会 話　気候は？②

这儿 的 天气 你 觉得
Zhèr de tiānqì nǐ juéde

怎么样 ？
zěnmeyàng?

夏天 和 秋天 天气 跟 我们
Xiàtiān hé qiūtiān tiānqì gēn wǒmen

那儿 一样，冬天 比 我们 那儿 冷
nàr yíyàng, dōngtiān bǐ wǒmen nàr lěng

一点儿。这儿 的 春天 风 太 大，
yìdiǎnr. Zhèr de chūntiān fēng tài dà,

我 不 太 喜欢。
wǒ bú tài xǐhuan.

这儿 的 春天 没 有 你们 那儿 暖和，也
Zhèr de chūntiān méi yǒu nǐmen nàr nuǎnhuo, yě

比 你们 那儿 短，是 吗 ？
bǐ nǐmen nàr duǎn, shì ma?

単語のまとめ

形容詞②

- 深 shēn　深い
  浅 qiǎn　浅い
- 对 duì　正しい
  错 cuò　間違っている
- 热闹 rènao　にぎやかである
  安静 ānjìng　静かである
- 漂亮 piàoliang　美しい

- 轻 qīng　軽い
  重 zhòng　重い
- 胖 pàng　人が太っている
  瘦 shòu　やせている
- 宽 kuān　幅が広い
  窄 zhǎi　狭い
- 有名 yǒumíng　有名である

- 薄 báo　薄い
  厚 hòu　厚い
- 聪明 cōngming　利口である
  笨 bèn　愚かである

- 用功 yònggōng　勉強熱心である

- 味覚

酸 suān　酸っぱい　　　甜 tián　甘い　　　苦 kǔ　苦い　　　辣 là　辛い

咸 xián　しょっぱい　　麻 má　ぴりぴりする　　涩 sè　渋い

◆ 喜欢 xǐhuan「〜するのが好きだ」

我 很 喜欢 看 电影。　　私は映画を見るのが大好きです。
Wǒ hěn xǐhuan kàn diànyǐng.

「喜欢」には動詞（フレーズ）が目的語にくる。心理動詞なので"很"がつけられる。

1 様態補語

● 動詞文と形容詞文の合体したものが様態補語の文である。
● 動作は前提にすぎず、主体はどのようであるかの形容詞部分にある。
● 肯定、否定、疑問などのルールは形容詞述語文と同じになる。

S ＋ V "得" de ＋ 程度副詞＋形容詞

他 跑。＋ 他 很 快。→ 他 跑得 很 快。
Tā pǎo.　Tā hěn kuài.　Tā pǎode hěn kuài.

彼は走る。　彼は（とても）速い。　彼は走るのが（とても）速い。

否 定　他 跑得 不 快。　　　　彼は走るのが速くない。
　　　　Tā pǎode bú kuài.

疑 問　他 跑得 快 吗？　　　　彼は走るのが速いですか？
　　　　Tā pǎode kuài ma?

　　　　他 跑得 快 不 快？　　　彼は走るのが速いですか？
　　　　Tā pǎode kuài bu kuài?

　　　　他 跑得 怎么样？　　　　彼は走るのはどうですか？／速いですか？
　　　　Tā pǎode zěnmeyàng?

● 介詞フレーズは述語の前に置くのがルール。動詞文と形容詞文の２つが合わさっているので、介詞"比"の位置も２通りになる。

"比～" の位置２つ

他 比 我 跑得 快。　　　　彼は私より走るのが速い。
Tā bǐ wǒ pǎode kuài.

他 跑得 比 我 快。　　　　彼は走るのが私より速い。
Tā pǎode bǐ wǒ kuài.

● V₂と"得"の間には目的語を置けない。V₁は省略可。

目的語の位置　S ＋（V₁）＋ O ＋ V₂得～

他（说₁）汉语 说₂得 很 好。　彼は中国語を話すのが上手だ。
Tā (shuō) Hànyǔ shuōde hěn hǎo.

● 離合動詞とは内部構造が「動詞＋目的語」になっている動詞で、様態補語の文では次の点に注意。
● "得"の前には動詞部分のみ。
● 目的語を言うときは、ふつう動詞部分と一体で。

離合動詞に注意！

他 说话 说得 很 慢。　　　　彼は話し方が（とても）ゆっくりだ。
Tā shuōhuà shuōde hěn màn.

よく使う離合動詞

起床 起きる　　睡觉 眠る　　吃饭 食事をする　　洗澡 入浴する
qǐchuáng　　shuìjiào　　chīfàn　　　　xǐzǎo

游泳 泳ぐ　　跳舞 ダンスをする　　开车 車を運転する　　照相 写真をとる
yóuyǒng　　tiàowǔ　　　　kāichē　　　　zhàoxiàng

2 助動詞（2）"会"huì、"能"néng、"可以"kěyǐ「～できる」

「～できる」その根拠・理由によって使い分け

① 技術の習得によって

できる	"会" huì
できない	"不会" bú huì

Q： 你 **会** 说 汉语 吗?　　　　中国語が話せますか？
　　Nǐ huì shuō Hànyǔ ma?

A：（我） **不 会** 。　　　　　（私は）できません。
　　(Wǒ) bú huì.

----

② 能力によって

できる	"能" néng
できない	"不能" bù néng

● 反復疑問文は助動詞を
「肯定＋否定」にする。
● 副詞も基本的に助動詞
の前へ。

Q： 你 **能 不 能** 看 中文报?　　中国語の新聞が読めますか？
　　Nǐ néng bu néng kàn Zhōngwénbào?

A：（我） 还 **不 能** 看。　　　まだ読めません。
　　(Wǒ) hái bù néng kàn.

----

③ 条件によって

できる	"能" néng "可以" kěyǐ
できない	"不能" bù néng

我 明天 有 事儿， 不 能 去。　私は明日用があるので、行かれません。
Wǒ míngtiān yǒu shìr, bù néng qù.

----

④ 道理・規則によって許可

できる	"可以" kěyǐ "能" néng
できない	"不能" bù néng "不可以" bù kěyǐ

这儿 **不 可以 / 能** 照相。　　　ここでは写真をとってはいけません。
Zhèr bù kěyǐ / néng zhàoxiàng.

A 1　発音を聞いて声調記号をつけ、練習しましょう。　🔊 67

1）打 棒球 da bangqiu　　　2）踢 足球 ti zuqiu　　　3）弾 钢琴 tan gangqin

4）唱 歌儿 chang ger　　　5）画 画儿 hua huar　　　6）玩儿 wanr

7）起床 qichuang　　8）睡觉 shuijiao　　9）游泳 youyong　　10）开车 kaiche

11）照相 zhaoxiang　　12）滑雪 huaxue　　13）跳舞 tiaowu　　14）跑步 paobu

A 2　次の文を漢字になおして、日本語に訳しましょう。

1）Tā pǎode kuài, wǒ pǎode màn. _____

_____

2）Tā Hànyǔ shuōde hěn liúlì. _____

_____

3）Zuótiān nǐ shuìde hǎo bu hǎo? _____

_____

4）Wǒ bú huì qí zìxíngchē. _____

_____

5）Míngtiān nǐ néng bu néng qù? _____

_____

A 3　次の日本語になるように、単語を並べかえましょう。

1）彼はサッカーがずば抜けて上手です。
（ 他　得　特別　足球　踢　踢　好 ）
　　tā　de　tèbié　zúqiú　tī　tī　hǎo

_____

2）私は明日用があるので、授業に来られません。
（ 我　有　来　上课　明天　事儿　能　不 ）
　wǒ　yǒu　lái　shàngkè　míngtiān　shìr　néng　bù

_____

3）ここで泳いでもいいですか？
（ 这儿　可以　可以　不　游泳 ）
　zhèr　kěyǐ　kěyǐ　bu　yóuyǒng

_____

4）彼はスキーができて、とても上手です。
（ 他　好　滑雪　滑　很　得　会 ）
　tā　hǎo　huáxuě　huá　hěn　de　huì

_____

B1 次の文を日本語に訳し、さらに省略できる語を（ ）でくくりましょう。

1）我 今天 起床 起得 比 他 早。
Wǒ jīntiān qǐchuáng qǐde bǐ tā zǎo.

_____

2）他 写 汉字 写得 没 有 你 那么 整齐。
Tā xiě Hànzì xiěde méi yǒu nǐ nàme zhěngqí.

_____

3）李 老师 教 我们 教得 很 好。
Lǐ lǎoshī jiāo wǒmen jiāode hěn hǎo.

_____

4）你 说 汉语 说得 跟 中国人 一样 流利。
Nǐ shuō Hànyǔ shuōde gēn Zhōngguórén yíyàng liúlì.

_____

B2 下線部に、助動詞（会、能、可以）のいずれかを入れて文を完成させ、日本語に訳しましょう。

1）今天 我 没（有） 时间，不_____去 找 你。
Jīntiān wǒ méi (yǒu) shíjiān, bù qù zhǎo nǐ.

_____

2）A：你_____说 汉语 吗？ B：（我）_____说 一点儿。
Nǐ shuō Hànyǔ ma？ (Wǒ) shuō yìdiǎnr.

_____

3）A：你 明天_____不_____来 接 我？ B：当然_____。   "当然"＝もちろん
Nǐ míngtiān bu lái jiē wǒ？ Dāngrán

_____

4）我_____游泳，_____游 十 公里。   "公里"＝キロメートル
Wǒ yóuyǒng, yóu shí gōnglǐ.

_____

5）A：明天 我_____不 去 吗？ B：也_____。
Míngtiān wǒ bú qù ma？ yě

_____

6）你_____告诉 我 你 的 名字 吗？   "告诉"＝知らせる
Nǐ gàosu wǒ nǐ de míngzi ma？

_____

C 1 それぞれの指示にしたがって文を完成させ、日本語に訳しましょう。

● 「できる」、そのレベルは？

ダンスが　1）　她　会 ＿＿＿＿＿＿＿，＿＿＿＿ 得　很　不错。
　　　　　　　Tā　huì　　　　　　　　　　　　　de　hěn　búcuò.

＿＿＿＿＿＿＿＿＿＿＿＿＿＿＿＿＿＿＿＿＿＿＿＿＿＿＿＿＿

歌が　　　2）　他　会 ＿＿＿＿＿＿＿，＿＿＿＿ 得　相当　好。
　　　　　　　Tā　huì　　　　　　　　　　　　　de　xiāngdāng　hǎo.

＿＿＿＿＿＿＿＿＿＿＿＿＿＿＿＿＿＿＿＿＿＿＿＿＿＿＿＿＿

ピアノが　3）　我　会 ＿＿＿＿＿＿＿，＿＿＿＿ 得　还　不错。　　　"还"＝まずまず
　　　　　　　Wǒ　huì　　　　　　　　　　　　　de　hái　búcuò.

＿＿＿＿＿＿＿＿＿＿＿＿＿＿＿＿＿＿＿＿＿＿＿＿＿＿＿＿＿

● 「好きだ」、で腕前は？

水泳が　　4）　我　喜欢＿＿＿＿＿＿＿，＿＿＿＿ 得　还　可以。
　　　　　　　Wǒ　xǐhuan　　　　　　　　　　　de　hái　kěyǐ.

＿＿＿＿＿＿＿＿＿＿＿＿＿＿＿＿＿＿＿＿＿＿＿＿＿＿＿＿＿

車の運転が 5）　他　喜欢＿＿＿＿＿＿＿，＿＿＿＿ 得　特别　快。
　　　　　　　Tā　xǐhuan　　　　　　　　　　　de　tèbié　kuài.

＿＿＿＿＿＿＿＿＿＿＿＿＿＿＿＿＿＿＿＿＿＿＿＿＿＿＿＿＿

写真が　　6）　她　喜欢＿＿＿＿＿＿＿，＿＿＿＿ 得　非常　好。
　　　　　　　Tā　xǐhuan　　　　　　　　　　　de　fēicháng　hǎo.

＿＿＿＿＿＿＿＿＿＿＿＿＿＿＿＿＿＿＿＿＿＿＿＿＿＿＿＿＿

C 2 次の文を、日本語に訳しましょう。

1）　她　很　像　她　妈妈，长得　很　漂亮。　　　"长"＝成長する
　　　Tā　hěn　xiàng　tā　māma,　zhǎngde　hěn　piàoliang.

＿＿＿＿＿＿＿＿＿＿＿＿＿＿＿＿＿＿＿＿＿＿＿＿＿＿＿＿＿

2）　太阳　晒得　我们　不　能　睁眼。　　　"晒"＝太陽が照りつける　"睁眼"＝目をあける
　　　Tàiyáng　shàide　wǒmen　bù　néng　zhēngyǎn.

＿＿＿＿＿＿＿＿＿＿＿＿＿＿＿＿＿＿＿＿＿＿＿＿＿＿＿＿＿

3）　他们　说得　我　很　不　好意思。　　　"不好意思"＝きまりが悪い
　　　Tāmen　shuōde　wǒ　hěn　bù　hǎoyìsi.

＿＿＿＿＿＿＿＿＿＿＿＿＿＿＿＿＿＿＿＿＿＿＿＿＿＿＿＿＿

会　話

中国語をほめられたら、この決まり文句を！

山田，你 的 汉语 说得 很 流利，进步 很 快！
Shāntián, nǐ de Hànyǔ shuōde hěn liúlì, jìnbù hěn kuài !

哪里，还 差得 远 呢。
Nǎli, hái chàde yuǎn ne.

タバコを吸っても…

这儿 可以 抽烟 吗？
Zhèr kěyǐ chōuyān ma ?

不行。你 要 抽烟，请 到 外边 去 抽 吧。
Bùxíng. Nǐ yào chōuyān, qǐng dào wàibian qù chōu ba.

好，对不起。
Hǎo, duìbuqǐ.

単語のまとめ

● **動詞：スポーツと趣味**

玩儿　遊ぶ wánr	打 棒球　野球をする dǎ bàngqiú	踢 足球　サッカーをする tī zúqiú	
弹 钢琴　ピアノをひく tán gāngqín	唱 歌儿　歌を歌う chàng gēr	画 画儿　絵をかく huà huàr	钓鱼　魚を釣る diào yú

離合詞

跑步　駆け足をする pǎobù	滑雪　スキーをする huáxuě	滑冰　スケートをする huábīng	抽烟　タバコをすう chōuyān

写 汉字　漢字を書く xiě Hànzì	做 作业　宿題をする zuò zuòyè	找 人　人を訪ねる zhǎo rén	不行　ダメ／ bùxíng　許されない

● **形容詞**

整齐　きちんとしている zhěngqí	流利　流暢である liúlì	不错　すばらしい búcuò　／悪くない	可以　まずまずよい kěyǐ

第 9 课　Dì jiǔ kè

1　動作の実現を表わす "了₁" le

● 修飾語になるのは数量、
形容詞／動詞フレーズ、
固有名詞など。

動詞　"了₁"　＋修飾語＋目的語

我 写了 两 封 信。
Wǒ xiěle liǎng fēng xìn.

私は手紙を2通書きました。

今天 我 吃了 很 多 饺子。
Jīntiān wǒ chīle hěn duō jiǎozi.

今日私はギョーザをたくさん食べました。

我 看了 他 写 的 诗。
Wǒ kànle tā xiě de shī.

私は彼が書いた詩を読みました。

我 昨天 去了 北京大学。
Wǒ zuótiān qùle Běijīngdàxué.

私は昨日北京大学へ行きました。

〈VとOのバランスをとる〉

動作を実現化 （V＋"了₁"）したならば、同時に 内容も具体化 （修飾語＋O）する。

- -

● "了₁" は未来の動作の実
現もいう。「～したなら
ば、～」

下了 课，我们 去 看 电影 吧。
Xiàle kè, wǒmen qù kàn diànyǐng ba.

授業が終わったら、私たち映画を見に行きましょう。

〈前文と後文でバランスをとる〉

前文で動作の実現化を、後文で内容の具体化を表しているので、前文の目的語は修飾語なしでよい。

- -

● 形容詞、習慣的行為や状
態を表す動詞には "了₁"
をつけられない。時間詞
によって過去のことで
あることを示す。

〈"了₁" を必要としないもの〉

昨天 天气 很 好。
Zuótiān tiānqì hěn hǎo.

昨日は天気がよかった。

以前 我 常常 去 跳舞。
Yǐqián wǒ chángcháng qù tiàowǔ.

昔はよくダンスをしに行ったものです。

他 昨天 不 在 家。
Tā zuótiān bú zài jiā.

彼は昨日は留守でした。

2 状況の変化を表す "了₂" le

● "了₂" は語気助詞で、"吗"と同じく文全体にかかるもの。訳すときには、先ず "了₂" を指でかくして意味をとって、その上で変化させましょう。

文末＋ "了₂"

现在　十一　点　**了**。　　今11時です／11時になりました。
Xiànzài　shíyī　diǎn　le.

现在　我们　都　是　大学生　**了**。　今では私たちは皆大学生になりました。
Xiànzài　wǒmen　dōu　shì　dàxuéshēng　le.

我　能　用　中文　写　信　**了**。　私は中国語で手紙を書けるようになりました。
Wǒ　néng　yòng　Zhōngwén　xiě　xìn　le.

予定変更 "不 V ～了"「やめにする」

我　**不**　去　玩儿　**了**。　　私は遊びに行かないことにします。
Wǒ　bú　qù　wánr　le.

3 "了₁" が使えないときの "了₂"

● 内容の具体化ができないもの：疑問詞や修飾語なしの目的語には"了₁"をつけられず、その代わりに"了₂"をつける。

Q：你　买　什么　了?　　何を買ったのですか？
　　Nǐ　mǎi　shénme　le?

A：我　买　书　了。　　本を買いました。
　　Wǒ　mǎi　shū　le.

4 否定の副詞 "没有" méiyou

Q：你　看了　这　本　书　吗?　　この本を読みましたか？
　　Nǐ　kànle　zhè　běn　shū　ma?

A：　yes　看　了。　　はい／読みました。
　　　　　kàn　le.

　　No　没有。／没(有)　看。／还　没(有)　看　呢。
　　Méiyou. ／ Méi(you)　kàn. ／ Hái　méi(you)　kàn　ne.
　　いいえ。／読んでいません。／まだ読んでいません。

反復疑問文

你　**看了**　这　本　书　**没有**?　　この本を読みましたか？
Nǐ　kànle　zhè　běn　shū　méiyou?

A 1 "了₁"のついた動詞の目的語には数量などの修飾が必要。発音を聞いて（　）に量詞か形容詞を入れましょう。　🔊 70

1）一（　　）红茶
yì　bēi　hóngchá

2）两（　　）朋友
liǎng　ge　péngyou

3）一（　　）电影票
yì　zhāng　diànyǐngpiào

4）两（　　）刀子
liǎng　bǎ　dāozi

5）一（　　）事儿
yí　jiàn　shìr

6）两（　　）袜子
liǎng　shuāng　wàzi

7）一（　　）手表
yí　kuài　shǒubiǎo

8）很（　　）人
hěn　duō　rén

9）不（　　）人
bù　shǎo　rén

A 2 下線部のピンインを漢字にし、"了"の位置に注意して日本語に訳しましょう。

1）我　买了 _____ 中文　杂志。
Wǒ　mǎile　hěn duō　Zhōngwén　zázhì.

_____

2）他　喝了 _____ 花茶。
Tā　hēle　yì bēi　huāchá.

_____

3）A：你　去 _____ 了?　B：我　去 _____ 了。
Nǐ　qù　nǎr　le?　　Wǒ　qù　shāngdiàn　le.

_____

4）我　去　商店　买了 _____ 鞋。
Wǒ　qù　shāngdiàn　mǎile　yì shuāng　xié.

_____

A 3 次の日本語になるように、単語を並べかえましょう。

1）今日私は少なからずの友人と知り合いになりました。
（我　今天　少　不　认识　朋友　了）
wǒ　jīntiān　shǎo　bù　rènshi　péngyou　le

_____

2）姉は紅茶とケーキを注文しました。
（姐姐　一　一　杯　个　要　红茶　蛋糕　和　了）
jiějie　yì　yí　bēi　ge　yào　hóngchá　dàngāo　hé　le

_____

3）彼は用事で、上海へ行ってます。
（他　上海　有　去　事儿　了）　_____
tā　Shànghǎi　yǒu　qù　shìr　le

4）さあ授業ですよ、おしゃべりはやめるように。
（现在　上课　说话　别　了　了）　_____
xiànzài　shàngkè　shuōhuà　bié　le　le

B1 "了₁" か "了₂" を必要とされる箇所に補って、次の日本語になるように並べかえましょう。

1) おや 12 時です。そろそろランチに行っていいでしょう。

（ 現在　十二　点　吃　午饭　去　可以 ）
　xiànzài　shí'èr　diǎn　chī　wǔfàn　qù　kěyǐ

_____

2) 明日私は時間がないから、遊びにいくのはやめにします。

（ 明天　我　不　玩儿　没　有　去　时间 ）
　míngtiān　wǒ　bú　wánr　méi　yǒu　qù　shíjiān.

_____

3) 王先生は私に映画のチケットを2枚くれました。

（ 王　老师　我　电影票　给　两　张 ）
　Wáng　lǎoshī　wǒ　diànyǐngpiào　gěi　liǎng　zhāng

_____

4) 彼は前は学生でしたが、今では先生です。

（ 他　以前　现在　学生　老师　是　是 ）
　tā　yǐqián　xiànzài　xuésheng　lǎoshī　shì　shì

_____

5) 明日の夜食事のあとであなたを訪ねます。

（ 明天　　晚上我　吃饭　找　你　去 ）
　míngtiān　wǎnshang　wǒ　chīfàn　zhǎo　nǐ　qù

_____

6) 私は毎日お風呂に入ってから寝ます。

（ 我　每　天　睡觉　洗澡 ）　_____
　wǒ　měi　tiān　shuìjiào　xǐzǎo

B2 "了" の有無と位置に注意して、次の文を日本語に訳しましょう。

1) 我　每　天　中午　都　喝　一　杯　咖啡。
　Wǒ　měi　tiān　zhōngwǔ　dōu　hē　yì　bēi　kāfēi.

_____

2) 我　昨天　中午　喝了　一　杯　咖啡。
　Wǒ　zuótiān　zhōngwǔ　hēle　yì　bēi　kāfēi.

_____

3) 我　每　天　中午　喝了　咖啡　去　上课。
　Wǒ　měi　tiān　zhōngwǔ　hēle　kāfēi　qù　shàngkè.

_____

C 1 1)～3)は日本語に、4)～6)は中国語に訳しましょう。

1) 今天 我 没 给 他 打 电话, 我 不 去 找 他 了。
   Jīntiān wǒ méi gěi tā dǎ diànhuà, wǒ bú qù zhǎo tā le.

2) 下星期三 我们 也许 离开了 北京 了。
   Xiàxīngqīsān wǒmen yěxǔ líkāile Běijīng le.

3) 这 个 商店 的 面包 很 好吃, 我 买了 两 个。
   Zhè ge shāngdiàn de miànbāo hěn hǎochī, wǒ mǎile liǎng ge.

4) 今日はちょっと寒いから、公園へ遊びに行きたくなくなりました。

5) 明日私は食事をしたら、サッカーの試合を見に行きます。

6) 今日私は母に長い手紙を1通書きました。

C 2 次の文を日本語に訳しましょう。　71

今天 早上 我 跟 李 小华 一起 去 小吃店 吃 早点。 我 喝了 一 碗
Jīntiān zǎoshang wǒ gēn Lǐ Xiǎohuá yìqǐ qù xiǎochīdiàn chī zǎodiǎn. Wǒ hēle yì wǎn

豆浆, 吃了 两 根 油条、 一 个 茶鸡蛋。 小华 吃了 一 碗 豆腐脑、 四 个 包子。
dòujiāng, chīle liǎng gēn yóutiáo, yí ge chájīdàn. Xiǎohuá chīle yì wǎn dòufunǎo, sì ge bāozi.

他 告诉 我, 这些 都 是 中国 北方 最 普通 的 传统 早点。
Tā gàosu wǒ, zhèxiē dōu shì Zhōngguó běifāng zuì pǔtōng de chuántǒng zǎodiǎn.

小吃店	軽食屋	豆腐脑	あんかけ豆腐
早点	軽い朝食	包子	中華まん
豆浆	豆乳	这些	これら
油条	揚げパン	普通	一般的な
茶鸡蛋	茶タマゴ	传统	伝統的な

会 話

72

● 会いに行ったのに、留守でした。

昨天 你 去 哪儿 了?
Zuótiān nǐ qù nǎr le ?

我 下午 到 宿舍 去 找 你 了，你 不 在。
Wǒ xiàwǔ dào sùshè qù zhǎo nǐ le, nǐ bú zài.

我 去 看 朋友 了。
Wǒ qù kàn péngyou le.

真 对不起。
Zhēn duìbuqǐ.

没 关系。
Méi guānxi.

● 山で、雨が…

你 看，下 雨 了。
Nǐ kàn, xià yǔ le.

不 能 爬 山 了。
Bù néng pá shān le.

啊，雨 小 了，
A, yǔ xiǎo le,

可以 爬 山 了。
kěyǐ pá shān le.

哟，雨 停 了！天
Yō, yǔ tíng le ! Tiān

晴 了！
qíng le !

単語のまとめ

认识 人　人と知り合う rènshi rén	看 朋友　友人に会う kàn péngyou	找 人　人を訪ねる zhǎo rén
看 足球赛　サッカーの kàn zúqiúsài 　試合を見る	离开　離れる、去る líkāi	也许　～かも知れない yěxǔ

爬 山　山登り　花茶　ジャスミン茶　红茶　紅茶　蛋糕　ケーキ　面包　パン　和～　～と
pá shān　をする　huāchá　　　　　hóngchá　　dàngāo　　miànbāo　　hé

● 気象

○ 下 雨　雨がふる　　　下 雪　雪がふる　　　刮 风　風が吹く
xià yǔ　　　　　　　xià xuě　　　　　　guā fēng

刮 台风　台風がくる　　打雷　雷が鳴る
guā táifēng　　　　　dǎléi

○ 晴天　晴れの日　　　阴天　くもりの日　　雨天　雨の日
qíngtiān　　　　　　yīntiān　　　　　　yǔtiān

1　結果補語

● 動詞＋ その結果

● 重点は動詞（原因）ではなく補語（結果）であって、"没(有)"で否定されるのはその結果である。

V ＋ 　結果補語（動詞／形容詞）

听　聞く ＋ 错　間違っている　→　听错　聞き間違う
tīng　　　　cuò　　　　　　　　　　tīngcuò

否定は"没(有)"で　　　→　没（有）听错　聞き間違っていない
　　　méi(you)　　　　　　　méi(you)　tīngcuò

● 〜见 jiàn　「感知する」

Q：今天　你　看见　他　了　吗？　今日、彼を見かけましたか？
　　Jīntiān　nǐ　kànjiàn　tā　le　ma?

A：　yes　　看见　了。　　　　　ええ、見かけました。
　　　　　　kànjiàn　le.

　　No　　没有。／没（有）　看见。　いいえ。／見かけていません。
　　　　　Méiyou.　Méi(you)　kànjiàn.

老师　叫　你，你　听见　了　没有？
Lǎoshī　jiào　nǐ,　nǐ　tīngjiàn　le　méiyou?
先生が呼んでいるのが、聞こえましたか？

● 〜好 hǎo　「満足すべき状態である」

我　一定　要　学好　中文。　私は絶対に中国語をマスターします。
Wǒ　yídìng　yào　xuéhǎo　Zhōngwén.

● 〜懂 dǒng　「理解する」

小　李　说得　比较　慢，我　都　听懂　了。
Xiǎo Lǐ　shuōde　bǐjiào　màn,　wǒ　dōu　tīngdǒng　le.
　　　　　　　　李さんはわりとゆっくり話してくれるので、全部聞き取れました。

● 〜完 wán　「終る」

我　做完了　今天　的　作业。　今日の宿題をやり終えました。
Wǒ　zuòwánle　jīntiān　de　zuòyè.

● 〜到 dào　「到達／達成する」

我　昨天　从　上海　回到了　北京。　私は昨日上海から北京に戻りました。
Wǒ　zuótiān　cóng　Shànghǎi　huídàole　Běijīng.

● ～住 zhù 「固定／定着」

这 课 的 生词 我 没 能 都 记住。
Zhè kè de shēngcí wǒ méi néng dōu jìzhù.

この課の新出単語を、私は全部は暗記できませんでした。

2　よく使われる変化の表現

すでに変化＆変化させなければならない

都 两点 了，该 上课 了。
Dōu liǎng diǎn le, gāi shàngkè le.

もう2時です、授業に出なければ。

まもなく変化

春天 要 来 了。
Chūntiān yào lái le.

もうじき春になります。

他们 快 毕业 了。
Tāmen kuài bìyè le.

彼らはまもなく卒業します。

すぐに変化

冬天 就要 到 了。
Dōngtiān jiùyào dào le.

冬はもう目の前です。

● "就要～了" は、具体的な時間設定をつけることができる。

火车 五 点 钟 就要 开 了。
Huǒchē wǔ diǎn zhōng jiùyào kāi le.

汽車は5時に発車します。

3　くり返しの副詞——"再" zàiと"又" yòu

これから～

他 不 在，你 明天 再 来 吧。
Tā bú zài, nǐ míngtiān zài lái ba.

彼は留守ですから、明日また来てください。

我 不 想 再 看见 他 了。
Wǒ bù xiǎng zài kànjiàn tā le.

もう2度と彼の顔は見たくない。

すでに～

上午 他 去了 图书馆，下午 又 去 了。
Shàngwǔ tā qùle túshūguǎn, xiàwǔ yòu qù le.

午前中彼は図書館へ行って、午後もまた行きました。

● "又" はこれからのことでも、必然的にくり返されるものには使う。

明天 又 是 星期天 了。
Míngtiān yòu shì xīngqītiān le.

明日はまた日曜日だ。

71

A 1 動詞＋結果補語はひとまとまりのもの、熟語としておぼえましょう。次のフレーズを発音し、意味を考えましょう。 🔊 74

1）看见＿＿＿＿＿＿
kànjiàn

2）听见＿＿＿＿＿＿
tīngjiàn

3）遇见＿＿＿＿＿＿
yùjiàn

4）碰见＿＿＿＿＿＿
pèngjiàn

5）写错＿＿＿＿＿＿
xiěcuò

6）说错＿＿＿＿＿＿
shuōcuò

7）买到＿＿＿＿＿＿
mǎidào

8）学到＿＿＿＿＿＿
xuédào

9）拿住＿＿＿＿＿＿
názhù

10）睡着＿＿＿＿＿＿
shuìzháo

11）借走＿＿＿＿＿＿
jièzǒu

12）拿走＿＿＿＿＿＿
názǒu

A 2 下線部のピンインを漢字にして、日本語に訳しましょう。

1）我　听＿＿＿＿打雷　了。　＿＿＿＿＿＿＿＿＿＿＿＿＿＿＿＿＿
Wǒ　tīngjiàn　dǎléi　le.

2）今天　我　没　看＿＿＿＿　王　老师。
Jīntiān　wǒ　méi　kànjiàn　Wáng　lǎoshī.

3）我们　下午　打　球，一直　打＿＿＿＿　吃　晚饭。
Wǒmen　xiàwǔ　dǎ　qiú, yìzhí　dǎdào　chī　wǎnfàn.

＿＿＿＿＿＿＿＿＿＿＿＿＿＿＿＿＿＿＿＿＿＿＿＿＿＿＿

4）他　握＿＿＿＿了　我　的　手。　＿＿＿＿＿＿＿＿＿＿＿＿＿＿＿
Tā　wòzhùle　wǒ　de　shǒu.

＿＿＿＿＿＿＿＿＿＿＿＿＿＿＿＿＿＿＿＿＿＿＿＿＿＿＿

5）他们　开＿＿＿＿　会　了。　＿＿＿＿＿＿＿＿＿＿＿＿＿＿＿＿＿
Tāmen　kāiwán　huì　le.

A 3 下線部に▨内から結果補語を選んで入れ、日本語に訳しましょう。

走 離れる	着 達成する	给	好	完	会 できる
zǒu	zháo	gěi	hǎo	wán	huì

1）骑　自行车　很　容易，他　怎么　没　学＿＿＿＿＿＿？
Qí　zìxíngchē　hěn　róngyì, tā　zěnme　méi　xué　　　?

＿＿＿＿＿＿＿＿＿＿＿＿＿＿＿＿＿＿＿＿＿＿＿＿＿＿＿＿＿

2）请　大家　坐＿＿＿＿＿，就要　开始　了。
Qǐng　dàjiā　zuò　　, jiùyào　kāishǐ　le.

＿＿＿＿＿＿＿＿＿＿＿＿＿＿＿＿＿＿＿＿＿＿＿＿＿＿＿

3）孩子　已经　睡＿＿＿＿＿　了。　＿＿＿＿＿＿＿＿＿＿＿＿＿＿
Háizi　yǐjing　shuì　　le.

4）他　借＿＿＿＿了　我　的　自行车。　＿＿＿＿＿＿＿＿＿＿＿＿
Tā　jiè　le wǒ　de　zìxíngchē.

5）报告　写＿＿＿＿了，交＿＿＿＿你　吧。
Bàogào　xiě　le jiāo　nǐ　ba.

B 1　生活の中でよく使われる言葉です。練習しましょう。

1）◆ 親が子供を叱ったとき、最後の一言は…

妈妈: 你 听见 了 没有?
māma: Nǐ tīngjiàn le méiyou?

孩子: 听见 了……
háizi: Tīngjiàn le…….

_____

2）◆ お目にかかれて…

A: 见到 您，我 很 高兴。
Jiàndào nín, wǒ hěn gāoxìng.

B: 我 也 很 高兴。
Wǒ yě hěn gāoxìng.

_____

3）◆ ここでお会いするとは…

真 没 想到 在 这儿 碰见 你 了!
Zhēn méi xiǎngdào zài zhèr pèngjiàn nǐ le!

_____

B 2　次の日本語になるように単語を並べかえましょう。

1）まもなく新年だ。

（ 快要～了　新年　到 ）
　kuàiyào～le　xīnnián　dào

2）あらっ、雨になりそう。

（ 要～了　看　下雨　你 ）
　yào～le　kàn　xiàyǔ　nǐ

3）もう 12 時、寝なくては。

（ 该～了　都～了　睡觉　十 二　点 ）
　gāi～le　dōu～le　shuìjiào　shí'èr　diǎn

4）時のたつのは本当に速い、来月には私たち卒業です。

（ 就要～了　过　毕业　快　下　个　月　真　得　时间　我们 ）
　jiùyào～le　guò　bìyè　kuài　xià　ge　yuè　zhēn　de　shíjiān　wǒmen

_____

5）彼があなたを訪ねて来ましたが、あなたが留守だったので、明日また来ると言っています。

（ 他　他　你　你　明天　来　来　说　找　在　不　再 ）
　tā　tā　nǐ　nǐ　míngtiān　lái　lái　shuō　zhǎo　zài　bú　zài

_____

6）彼は昨日来なかったし、今日もまた来ませんでした。

（ 他　今天　昨天　来　来　没有　没有　又 ）
　tā　jīntiān　zuótiān　lái　lái　méiyou　méiyou　yòu

_____

C 1　1)〜3) は日本語に、4)〜6) は中国語に訳しましょう。

1)　他　紧张得　一　夜　没　睡好。
　　Tā　jǐnzhāngde　yí　yè　méi　shuìhǎo.

_____

2)　现在　都　九　点　了，怎么　还　不　起床?
　　Xiànzài dōu　jiǔ　diǎn　le,　zěnme　hái　bù　qǐchuáng?

_____

3)　我们　下星期　就要　考试　了。
　　Wǒmen　xiàxīngqī　jiùyào　kǎoshì　le.

_____

4)　私は嬉しさのあまり一晩中よく眠れませんでした。

_____

5)　もう 12 時なのに、なんだってまだ寝ないの？

_____

6)　彼は明日には帰国します。

_____

C 2　次の文を日本語に訳しましょう。　🔊75

　我　小　时候，全家　六　口　人　住在　两　间　平房里，没　有　暖气，也
　Wǒ　xiǎo　shíhou,　quánjiā　liù　kǒu　rén　zhùzài　liǎng　jiān　píngfángli,　méi　yǒu　nuǎnqì,　yě

没　有　厨房　和　卫生间，上　厕所　要　到　街上　的　公共厕所。夏天　还　好
méi　yǒu　chúfáng　hé　wèishēngjiān,　shàng　cèsuǒ　yào　dào　jiēshang　de　gōnggòngcèsuǒ. Xiàtiān　hái　hǎo

一点儿，冬天　就　难过　了，非常　冷。所以　我　从　小　就　想　搬到　楼房　住。
yìdiǎnr,　dōngtiān　jiù　nánguò　le, fēicháng　lěng. Suǒyǐ　wǒ　cóng　xiǎo　jiù　xiǎng　bāndào　lóufáng　zhù.

- -

全家　一家　　　　　　　公共厕所　公衆トイレ

住　住む、泊る　　　　　难过　つらい

平房　平屋　　　　　　　所以　だから

暖气　暖房　　　　　　　搬　引っ越す

厨房　台所　　　　　　　楼房　ビル

卫生间　浴室・トイレ

会 話

 76

● ノックの音が…

> 有 人 敲 门，你
> Yǒu rén qiāo mén, nǐ
>
> 听见 了 没有？
> tīngjiàn le méiyou ?

> 我 没 听见。
> Wǒ méi tīngjiàn.

● もう満腹です。

> 你 多 吃 点儿 吧。
> Nǐ duō chī diǎnr ba.

> 我 已经 吃饱 了。
> Wǒ yǐjing chībǎo le.

● 帰らなくては…

> 时间 不 早 了。我 该 走 了。
> Shíjiān bù zǎo le. Wǒ gāi zǒu le.

> 你 别 走，时间 还 早 呢。
> Nǐ bié zǒu, shíjiān hái zǎo ne.

単語のまとめ

写 报告 レポートを書く xiě bàogào	回 国 帰国する huí guó	到 やって来る dào
开始 始める kāishǐ	交 手渡す jiāo	一直 ずっと yìzhí
紧张 緊張している jǐnzhāng	轻松 リラックスしている qīngsōng	怎么 どうして zěnme

● 離合詞

握手 握手する wòshǒu	开会 会議をする kāihuì	毕业 卒業する bìyè

第 11 课 Dì shíyī kè

1 時間の長さと回数

● 量詞 "个" の有無に注意。

① 一 天　　　　　両 天
yì tiān　　　　　liǎng tiān

一 年　　　　　両 年
yì nián　　　　　liǎng nián

一 个 月　　　　両 个 月
yí ge yuè　　　liǎng ge yuè

一 个 星期　　　両 个 星期
yí ge xīngqī　　liǎng ge xīngqī

一 个 小时　　両 个 小时　　半 个 小时
yí ge xiǎoshí　liǎng ge xiǎoshí　bàn ge xiǎoshí

両 个 半 小时　　　十 五 分 钟（一 刻 钟）
liǎng ge bàn xiǎoshí　shíwǔ fēn zhōng (yí kè zhōng)

② 一 次　両 次　　　一 遍　両 遍
yí cì　liǎng cì　　yí biàn　liǎng biàn

③ 一会儿 ちょっとの間　　很 久 長い間
yíhuìr　　　　　　　hěn jiǔ

很 长 时间 長い間
hěn cháng shíjiān

③ 多 长 时间 どれぐらいの間
duō cháng shíjiān

2 動作量の位置

V + 動作量／回数 + O

我 每 天 学 両 个 小时（的）汉语。
Wǒ měi tiān xué liǎng ge xiǎoshí (de) Hànyǔ.

私は毎日2時間中国語を勉強しています。

他 每 天 念 両 遍 课文。 彼は毎日本文を2回音読しています。
Tā měi tiān niàn liǎng biàn kèwén.

● 人称／場所代詞が目的語であれば、位置が入れかわる。

昨天 我 等 了 他 両 个 小时。 昨日私は彼を2時間待ちました。
Zuótiān wǒ děngle tā liǎng ge xiǎoshí.

3　2つの "了" と時間の長さ

● B文は "了₂" によって「その時点で一年間になる」つまり「今も継続中」となる。

A:　我　学了　一　年　汉语。　　　中国語を1年間学びました。
　　Wǒ　xuéle　yì　nián　Hànyǔ.

B:　我　学了　一　年　汉语　了。　中国語を学んで1年になります。
　　Wǒ　xuéle　yì　nián　Hànyǔ　le.

4　経験の "过" guo

V "过" ＋ 動作量／回数 ＋ O

Q:　你　爬过　长城　吗?　　　万里の長城に登ったことがありますか？
　　Nǐ　páguo　Chángchéng　ma?

A:　爬过。／没有。／没（有）　爬过。　ええ。／いいえ。／登ったことがありません。
　　Páguo.　Méiyou.　Méi(you)　páguo.

我　去过　两　次　北京。　　私は北京に2度行ったことがあります。
Wǒ　qùguo　liǎng　cì　Běijīng.

5　動詞の重ね型と "一下" yíxià　「ちょっと～する」

一音節の動詞　V（"一"）V／V "一下"

给　我　看（一）看　。　　私にちょっと見せてください。
Gěi　wǒ　kàn　(yi)　kàn.

给　我　看　一下　。　　　私にちょっと見せてください。
Gěi　wǒ　kàn　yíxià.

2音節の動詞　VV／V "一下"

我　给　你　介绍介绍　。　　ちょっと御紹介しましょう。
Wǒ　gěi　nǐ　jièshàojieshao.

● 動作時間の短かさややわらかい語気、試してみる語気などを表す。

我　给　你　介绍　一下　。　ちょっと御紹介しましょう。
Wǒ　gěi　nǐ　jièshào　yíxià.

6　否定の強調表現　"一点儿　也　不／没～" yìdiǎnr yě bù / méi~
　　　　　　　　　　　「少しも～でない」

我　一点儿　也　不　知道。　　私はまったく知りません。
Wǒ　yìdiǎnr　yě　bù　zhīdao.

他　一点儿　也　没　变。　　　彼は全然変っていません。
Tā　yìdiǎnr　yě　méi　biàn.

我　一　次　也　没　去过　中国。　私は一度も中国へ行ったことがありません。
wǒ　yí　cì　yě　méi　qùguo　Zhōngguó.

A 1 量詞 "个" の有無に注意して、問いに中国語で答えましょう。

> 例 Q： 1年は何日？
>
> A： 一 年 有 三百 六十五 天。
> Yì nián yǒu sānbǎi liùshiwǔ tiān.

1) Q： 1年は何ヶ月？

A：（　　　）年 有（　　　）月。
　　　　nián yǒu　　　　yuè.

2) Q： ひと月は何日？

A：（　　　）月 有（　　　）天。
　　　　yuè yǒu　　　　tiān.

3) Q： ひと月は何週？

A：（　　　）月 有（　　　）星期。
　　　　yuè yǒu　　　　xīngqī.

4) Q： 1週間は何日？

A：（　　　）星期 有（　　　）天。
　　　　xīngqī yǒu　　　　tiān.

5) Q： いち日は何時間？

A：（　　　）天 有（　　　）小时。
　　　　tiān yǒu　　　　xiǎoshí.

A 2 下線部のピンインを漢字にして、日本語に訳しましょう。

1) 老师，这 个 字 怎么 念，请 您 念_____。
Lǎoshī, zhè ge zì zěnme niàn, qǐng nín niàn yíxià.

_____

2) 雨 下_____两 天_____。　　_____
Yǔ xiàle liǎng tiān le.

3) 我 还 没 去_____上海，今年 夏天 要 去 看_____。
Wǒ hái méi qùguo Shànghǎi, jīnnián xiàtiān yào qù kànkan.

_____

4) 我们 没 在 那儿 游_____泳。　　_____
Wǒmen méi zài nàr yóuguo yǒng.

A 3 次の問いに中国語で答えましょう。

1) Q： 晚上 你 学习 吗？ 你 学习 几 个 小时？
Wǎnshang nǐ xuéxí ma? Nǐ xuéxí jǐ ge xiǎoshí?

A：_____

2) Q： 你 几 点 睡觉？ 你 睡 几 个 小时？
Nǐ jǐ diǎn shuìjiào? Nǐ shuì jǐ ge xiǎoshí?

A：_____

3) Q： 你 去过 中国 吗？ 你 去过 几 次？
Nǐ qùguo zhōngguó ma? Nǐ qùguo jǐ cì?

A：_____

B 1　生活の中でよく使われる言葉です。練習しましょう。

1)　◆ 紹介しましょう、こちらは…

我　介绍　一下，这　是　我　的　朋友　李　宁。
Wǒ jièshào yíxià, zhè shì wǒ de péngyou Lǐ Níng.

2)　◆ ちょっと来て。

小　李，你　来　一下，好　吗？
Xiǎo Lǐ, nǐ lái yíxià, hǎo ma?

3)　◆ 座ってお茶でも。

坐　一会儿，喝　点儿　茶。
Zuò yíhuìr, hē diǎnr chá.

4)　◆ ちょっと見せて。

给　我　看看。
Gěi wǒ kànkan.

5)　◆ ちょっと待って。（立ち去る人に向って）

你　等等！
Nǐ děngdeng!

6)　◆ もう一度おっしゃってください。

请　您　再　说　一　遍。
Qǐng nín zài shuō yí biàn.

B 2　次の日本語になるように、単語を並べかえましょう。

1)　私はここに2度来たことがあります。

（我　两　次　来　这儿　过）　_____
　wǒ liǎng cì lái zhèr guo

2)　私は彼に会ったことがありません。

（我　他　见面　跟　没　过）　_____
　wǒ tā jiànmiàn gēn méi guo

3)　私は彼の言葉をまったく信じません。

（我　他　相信　话　的　不　也　一点儿）_____
　wǒ tā xiāngxìn huà de bù yě yìdiǎnr

4)　もうずいぶん長く待ったのよ、どこへ行ってたの？

（我　你　你　等　到~去　半天　哪儿　已经　了　了）
　wǒ nǐ nǐ děng dào~qù bàntiān nǎr yǐjing le le

_____

5)　先週の日曜日、彼は彼の友人と公園で午後中遊びました。

（他　他　朋友　上星期天　玩儿　公园　跟　在　一　个　下午　的　了）
　tā tā péngyou shàngxīngqītiān wánr gōngyuán gēn zài yí ge xiàwǔ de le

_____

6)　わからないことがあるので、李先生のところへ行ってちょっと聞くつもりです。

（我　李　老师　一　个　问题　那儿　有　去　问问　想）
　wǒ Lǐ lǎoshī yí ge wèntí nàr yǒu qù wènwen xiǎng

_____

C 1 1)～3)は日本語に、4)～6)は中国語に訳しましょう。

1) 我 等了 他 差不多 一 个 小时 了，我 不 想 等 了。
Wǒ děngle tā chàbuduō yí ge xiǎoshí le, wǒ bù xiǎng děng le.

_____

2) 我 小 时候 学过 一点儿 法语，现在 都 忘 了。
Wǒ xiǎo shíhou xuéguo yìdiǎnr Fǎyǔ, xiànzài dōu wàng le.

_____

3) 他 来 中国 一 年 了。
Tā lái Zhōngguó yì nián le.

_____

4) 私はここで学んですでにほぼ1年になります。

_____

5) 私は以前に泳ぎを習ったことがありますが、上手ではありません。

_____

6) 彼が中国を離れて2年になります。

_____

C 2 留学生の生活を紹介した文です。日本語に訳しましょう。 78

每 天 上午 我 上 三 个 小时 的 课。下午 我 有时侯 去 打打 网球，
Měi tiān shàngwǔ wǒ shàng sān ge xiǎoshí de kè. Xiàwǔ wǒ yǒushíhou qù dǎda wǎngqiú,

有时侯 去 网吧，上 一 个 小时 的 网。晚上 我 学习 两 个 小时。每
yǒushíhou qù wǎngbā, shàng yí ge xiǎoshí de wǎng. Wǎnshang wǒ xuéxí liǎng ge xiǎoshí. Měi

星期二、四 的 晚上，我 的 中国 朋友 来 我 的 房间 给 我 辅导 一 个
xīngqī'èr, sì de wǎnshang, wǒ de Zhōngguó péngyou lái wǒ de fángjiān gěi wǒ fǔdǎo yí ge

小时。
xiǎoshí.

会 話　北京の公園は？

北京　的　公园　你　都　去过　吗？
Běijīng de gōngyuán nǐ dōu qùguo ma?

没　都　去过。
Méi dōu qùguo.

哪　个　公园　还
Nǎ ge gōngyuán hái

没　去过？
méi qùguo?

香山　　公园。
Xiāngshān gōngyuán.

笑一笑，十年少；愁一愁，白了头。
Xiào yi xiào, shí nián shào; chóu yi chóu, báile tóu.
笑えば十歳若くなり、悲観すれば髪が白くなる。

単語のまとめ

- 坐　座る
  zuò

- 相信　信じる
  xiāngxìn

- 忘　忘れる
  wàng

- 有时候　時には
  yǒushíhou

- 辅导　補習する
  fǔdǎo

- 打网球　テニスをする
  dǎ wǎngqiú

- 网吧　ネットカフェ
  wǎngbā

- 离开　離れる
  líkāi

- 半天　長いこと、半日
  bàntiān

- 差不多　ほとんど
  chàbuduō

- 法语　フランス語
  Fǎyǔ

離合詞

- 见面　会う、顔を会わせる
  jiànmiàn

- 上网　ネットに接続する
  shàngwǎng

● なぜ？ "为什么" wèi shénme & "怎么" zěnme

- 目的や理由を知りたくて

  你　为　什么　学习　中文　呢？　　どうして中国語を勉強しているのですか？
  Nǐ wèi shénme xuéxí Zhōngwén ne?

- いささかいぶかしく思って

  你　怎么　不　去?　なんだって行かないの？　　你　怎么　了?　いったい、どうしたの？
  Nǐ zěnme bú qù?　　　　　　　　　　Nǐ zěnme le?

● どうやって？ "怎么" zěnme

- 方法を知りたくて

  去　北京站　怎么　走?　北京駅へはどう行くのですか？
  Qù Běijīngzhàn zěnme zǒu?

第 12 课　Dì shí'èr kè

1　進行の副詞 "在" zài、"正在" zhèngzài

● "呢" は進行・持続を表す語気詞で、これだけでもよい。

「〜しているところです」　在＋V〜（呢）

你　**在**　做　什么　呢?
Nǐ　zài　zuò　shénme　ne?
なにをしているのですか？

我　**在**　复习　功课　呢。
Wǒ　zài　fùxí　gōngkè　ne.
授業の復習をしています。

他　**在**　看　电视　吗?
Tā　zài　kàn　diànshì　ma?
彼はテレビを見ていますか？

● 否定は没(有)Vで。

没有，他　睡觉　呢。
Méiyou,　tā　shuìjiào　ne.
いいえ、寝ていますよ。

- -

「ちょうど今〜しているところです」　"正在"＋V〜（呢）

他　**正在**　做　功课　呢。
Tā　zhèngzài　zuò　gōngkè　ne.
彼は今勉強をしているところです。

昨天　我　去　看　他　的　时候，他　**正在**　吃饭　呢。
Zuótiān　wǒ　qù　kàn　tā　de　shíhou,　tā　zhèngzài　chīfàn　ne.
昨日彼に会いに行った時、彼はちょうど食事中でした。

2　持続の助詞 "着" zhe　　V着〜（呢）

● "V着" は動作の持続と動作後の状態の持続を表す。

「〜している、〜の状態を保っている」

孩子们　在　公园里　玩儿**着**。
Háizimen　zài　gōngyuánli　wánrzhe.
子供たちが公園で遊んでいます。

● 否定は 没(有)V着で。

门　开**着**，窗户　没(有)　开**着**。
Mén　kāizhe,　chuānghu　méi(you)　kāizhe.
ドアは開いているが、窓は開いていません。

- -

「〜しながら〜する」　V₁ 着(O) V₂(O)

他　握**着**　我　的　手　说："太　谢谢　你　了！"
Tā　wòzhe　wǒ　de　shǒu　shuō:　"Tài　xièxie　nǐ　le!"
彼は私の手を握ったまま「本当にありがとう！」と言いました。

● 「V着V」、これも連動文である。

我　最　喜欢　躺**着**　听　音乐。
Wǒ　zuì　xǐhuan　tǎngzhe　tīng　yīnyuè.
私は寝転んで音楽を聞くのが大好きです。

3 "是〜的" shì~de の文　「いつ、どこで、だれが、どのように、なにを…した」

● "是〜的" の文はすで
に行われた動作につい
て、その関連事項（時
間、場所、主体、方法、
目的語など）を強調し
ていう表現である。

这 是 你 买 的 吗?
Zhè shì nǐ mǎi de ma?

これはあなたが買ったのですか？

（是）我 买 的。
Shì wǒ mǎi de.

私が買ったのです。

● "是" は、否定や反復疑問
文の時には "不" をつ
ける必要から省略でき
ない。

你 是 不 是 骑 车 来 的?
Nǐ shì bu shì qí chē lái de?

自転車で来たのですか？

不 是，我 （是）走着 来 的。
Bú shì, wǒ shì zǒuzhe lái de.

いいえ、歩いてきたのです。

4 助動詞 (3)　"要" yào、"得" děi

「〜しなければならない」　第5課 "要" 参照

路 滑，要 小心。
Lù huá, yào xiǎoxīn.

道がすべるから、気をつけて。

念 课文 的 时候，要 注意 发音。
Niàn kèwén de shíhou, yào zhùyì fāyīn.

本文を音読する時には、発音に注意し
なければいけません。

「〜しなくちゃならない」

他 的 病 得 动 手术。
Tā de bìng děi dòng shǒushù.

彼の病気は手術しなけりゃなりません。

后天 去 不 去 我 还 得 考虑考虑。
Hòutiān qù bu qù wǒ hái děi kǎolùkaolü.

あさって行くか行かないか、まだよく考えてみなければなりません。

在 图书馆里，要 安静，不要 大声 说话。
Zài túshūguǎnli, yào ānjìng, búyào dàshēng shuōhuà.

図書館では静かにしなければならず、大声で話してはいけません。

● 否定は2つの助動詞で：
"不要" búyyào「〜して
はいけない」
"不用" búyòng「〜する
には及ばない」

我 还 得 去 一 趟。
Wǒ hái děi qù yí tàng.

私もう1度行かなくては。

—— 不用 去。
—— Búyòng qù.

行くことはないですよ。

A1 下線部のピンインを漢字にして、日本語に訳しましょう。

1) A : 你们 ＿＿＿＿ 讨论　吗？　　＿＿＿＿＿＿＿＿＿＿＿＿＿＿＿＿＿
　　　　Nǐmen　zài　　tǎolùn　ma?

　　B : ＿＿＿＿＿，我们　聊天儿　呢。　＿＿＿＿＿＿＿＿＿＿＿＿＿＿＿
　　　　Méiyou,　wǒmen　liáotiānr　ne.

2) A : 他们 ＿＿＿＿ 做　什么 ＿＿＿＿？
　　　　Tāmen　zài　zuò　shénme　ne?

　　B : 他们　听　音乐 ＿＿＿＿。
　　　　Tāmen tīng　yīnyuè　　ne.

　　　　＿＿＿＿＿＿＿＿＿＿＿＿＿＿＿＿＿＿＿＿＿＿＿＿＿＿＿＿＿＿＿＿＿＿

3) A : 你 ＿＿＿＿＿＿ 坐　飞机　来 ＿＿＿＿？
　　　　Nǐ　shì bu shì　zuò　fēijī　lái　de?

　　　　＿＿＿＿＿＿＿＿＿＿＿＿＿＿＿＿＿＿＿＿＿＿＿＿＿＿＿＿＿＿＿＿＿＿

　　B : 我 ＿＿＿＿ 坐　飞机　来＿＿＿＿，＿＿＿＿ 坐　火车　来 ＿＿＿＿。
　　　　Wǒ　bú shì zuò　fēijī　lái　de,　　shì zuò　huǒchē lái　de.

　　　　＿＿＿＿＿＿＿＿＿＿＿＿＿＿＿＿＿＿＿＿＿＿＿＿＿＿＿＿＿＿＿＿＿＿

4) 银行　的　门　还　开 ＿＿＿＿ ＿＿＿＿。
　　Yínháng　de　mén　hái　kāizhe　　　ne.

　　＿＿＿＿＿＿＿＿＿＿＿＿＿＿＿＿＿＿＿＿＿＿＿＿＿＿＿＿＿＿＿＿＿＿

5) 我＿＿＿＿ 向　你　道歉。
　　Wǒ　děi　xiàng　nǐ　dàoqiàn.

　　＿＿＿＿＿＿＿＿＿＿＿＿＿＿＿＿＿＿＿＿＿＿＿＿＿＿＿＿＿＿＿＿＿＿

A2 次の問いに中国語で答えましょう。

1) Q : 你　是　哪　年　出生　的？
　　　　Nǐ　shì　nǎ　nián chūshēng　de？

　　A : ＿＿＿＿＿＿＿＿＿＿＿＿＿＿＿＿＿＿＿＿＿＿＿＿＿＿＿＿＿＿＿＿＿

2) Q : 你　是　在　哪儿　长大　的？
　　　　Nǐ　shì　zài　nǎr　zhǎngdà　de？

　　A : ＿＿＿＿＿＿＿＿＿＿＿＿＿＿＿＿＿＿＿＿＿＿＿＿＿＿＿＿＿＿＿＿＿

3) Q : 你　是　什么　时候　开始　学　汉语　的？
　　　　Nǐ　shì　shénme shíhou　kāishǐ　xué　Hànyǔ　de？

　　A : ＿＿＿＿＿＿＿＿＿＿＿＿＿＿＿＿＿＿＿＿＿＿＿＿＿＿＿＿＿＿＿＿＿

B 1　生活の中でよく使われる決まり文句です。練習しましょう。

1）◆ ありがとう！と言われたら。

A：谢谢！　　B：不用　谢。 / 不　客气。
　　Xièxie!　　　Búyòng xiè. / Bú　kèqi.

_____

2）◆ 歩いて行こう！

我们　走着　去　吧。　_____
Wǒmem zǒuzhe qù ba.

3）◆ 外国語をマスターするには……

学习　外语　要　多　说，多　听，多　写，多　念。
Xuéxí wàiyǔ yào duō shuō, duō tīng, duō xiě, duō niàn.

_____

4）◆ 何事も着実に……

饭　要　一　口　一　口　地　吃，事儿　要　一　件　一　件　地　做。
Fàn yào yì kǒu yì kǒu de chī, shìr yào yí jiàn yí jiàn de zuò.

_____

B 2　"在" zài の３つの用法——動詞、介詞、副詞（進行）—— に注意して、日本語に訳しましょう。

A：王　老师　在　不　在？　　_____
　　Wáng lǎoshī zài bu zài ?

B：不　在。他　在　上课　呢。　_____
　　Bú zài. Tā zài shàngkè ne.

A：快　下课　了　吧？我　在　这儿　等　他，可以　吗？
　　Kuài xiàkè le ba ? Wǒ zài zhèr děng tā, kěyǐ ma ?

_____

B 3　次の日本語になるように、単語を並べかえましょう。

1）私たちはいつも食事をしながらおしゃべりをします。

（我们　吃饭　聊天儿　常常　着）
　wǒmen chīfàn liáotiānr chángcháng zhe

_____

2）間もなくテストだから、単語をたくさん覚えなくては。

（我　背　生词　很　多　考试　要　要　了）
　wǒ bèi shēngcí hěn duō kǎoshì yào yào le

_____

3）彼に会いに行かない方がいいですよ、彼寝ているから。

（你　他　他　去　睡觉　找　别　在　呢）
　nǐ tā tā qù shuìjiào zhǎo bié zài ne

_____

C1 次の問いを日本語に訳し、[ ]内の指示を使って中国語で答えましょう。

1) Q：你　看见　小　李　了　吗？
　　　Nǐ　kànjiàn xiǎo Lǐ　le　ma？　＿＿＿＿＿＿＿＿＿＿＿＿＿＿＿

　　A：ええ、彼はクラスメートと話していましたよ。[正在～呢]

＿＿＿＿＿＿＿＿＿＿＿＿＿＿＿＿＿＿＿＿＿＿＿＿＿＿＿＿＿＿＿＿＿

2) Q：昨天　你　去　公园　了　吗？
　　　Zuótiān nǐ　qù gōngyuán le　ma？　＿＿＿＿＿＿＿＿＿＿＿＿＿＿

　　A：ええ、私は犬をつれて行きました。[着][是～的]

＿＿＿＿＿＿＿＿＿＿＿＿＿＿＿＿＿＿＿＿＿＿＿＿＿＿＿＿＿＿＿＿＿

3) Q：你　是　一　个　人　来　的　吗？
　　　Nǐ　shì yí　ge　rén lái　de　ma？　＿＿＿＿＿＿＿＿＿＿＿＿＿＿

　　A：いいえ、私は友人といっしょに来ました。[是～的]

＿＿＿＿＿＿＿＿＿＿＿＿＿＿＿＿＿＿＿＿＿＿＿＿＿＿＿＿＿＿＿＿＿

C2 （ ）内に"了""着""过"を入れて文を完成させ、日本語に訳しましょう。 🔊82

有　两　个　孩子　在　树下　坐（ ）念　英语。一　个　穿（ ）白　衬衫，一　个
Yǒu liǎng ge háizi zài shùxià zuò　　niàn Yīngyǔ. Yí ge chuān　　bái chènshān, yí ge

穿（ ）绿　衬衫。我　站（ ）听　他们　念，他们　念得　很　慢，很　清楚。
chuān　　lù chènshān. Wǒ zhàn　　tīng tāmen niàn, tāmen niànde hěn màn, hěn qīngchu.

　穿　白　衬衫　的　孩子　不　念（ ），他　大声地　说："你　念得　不　对。"穿
　Chuān bái chènshān de háizi bú niàn　　, tā dàshēngde shuō: "Nǐ niànde bú duì." Chuān

绿　衬衫　的　孩子　也　着急地　说："你　错（ ），我　没　错。这　个　词　我们
lù chènshān de háizi yě zháojíde shuō: "Nǐ cuò　　, wǒ méi cuò. Zhè ge cí wǒmen

学（ ）。"　这　时候，我　笑（ ）问　这　个　孩子："这　个　词　你　学（ ）吗？
xué　　." Zhè shíhou, wǒ xiào　　wèn zhè ge háizi: "Zhè ge cí nǐ xué　　ma？

你　再　看　一　看　书　吧。"他　拿（ ）书，认真地　看（ ）看，说："我　错（ ）。"
Nǐ zài kàn yi kàn shū ba." Tā ná　　shū, rènzhēnde kàn　　kàn, shuō: "Wǒ cuò　　."

　我　问　他们："你们　学（ ）多　长　时间　的　英语（ ）？"他们　说："我们
　Wǒ wèn tāmen: "Nǐmen xué　　duō cháng shíjiān de Yīngyǔ　　？" Tāmen shuō: "Wǒmen

学（ ）两　年（ ）。"我　说："你们　很　努力，一定　能　学得　很　好。"
xué　　liǎng nián　　." Wǒ shuō: "Nǐmen hěn nǔlì, yídìng néng xuéde hěn hǎo."

会 話

〔83〕

● ダイエット中です。

> 这 个 菜 真 好吃！
> Zhè ge cài zhēn hǎochī !
>
> 哎，你 怎么 不 吃 古老肉？
> Āi, nǐ zěnme bù chī gǔlǎoròu ?

> 我 正在 减肥，不 敢 吃 肉。
> Wǒ zhèngzài jiǎnféi, bù gǎn chī ròu.

● 何しているの？

> 你 做 什么 呢？
> Nǐ zuò shénme ne ?

> 你 有 什么 事儿？
> Nǐ yǒu shénme shìr ?
>
> 我 正 忙着 呢。
> Wǒ zhèng mángzhe ne.

単語のまとめ

● 話すグループ

　　　　　の４つは離合動詞

说话 shuōhuà（話す）　　　谈话 tánhuà（語らう、話し合う）　　　聊天儿 liáotiānr（おしゃべりをする）

道歉 dàoqiàn（あやまる）　向～道歉 xiàng~dàoqiàn（～にあやまる）

讨论 tǎolùn（討論する）

火车 huǒchē　汽車　　　　　出生 chūshēng　生まれる　　　　　长大 zhǎngdà　成長する

开始 kāishǐ　始める　　　　　客气 kèqi　遠慮する　　　　　　　常常 chángcháng　いつも

考试 kǎoshì　テスト（をする）　背 生词 bèi shēngcí　新出単語をおぼえる

带 狗 dài gǒu　犬をつれる　　穿 衬衫 chuān chènshān　シャツ／ブラウスを着る

站 zhàn　立つ　　　　　　　　清楚 qīngchu　はっきりしている　　着急 zháojí　焦る

1　方向補語　V+方向補語

● "来/去" は軽声になる。

● 方向補語はすべて移動を
表わす動詞。

Ⅰ・Ⅱ　単純方向補語　Ⅲ（Ⅱ＋Ⅰ）複合方向補語

	Ⅱ	上がる	下がる	入る	出る	戻る	過ぎる	起きる
Ⅰ	Ⅲ	上 shàng	下 xià	进 jìn	出 chū	回 huí	过 guò	起 qǐ
来る	来 lai	上来 shànglai	下来 xiàlai	进来 jìnlai	出来 chūlai	回来 huílai	过来 guòlai	起来 qǐlai
行く	去 qu	上去 shàngqu	下去 xiàqu	进去 jìnqu	出去 chūqu	回去 huíqu	过去 guòqu	─

Ⅰ　跑来　走ってくる　　　　　走来　歩いてくる
　　pǎolai　　　　　　　　　　　zǒulai

　　跑去　走っていく　　　　　走去　歩いていく
　　pǎoqu　　　　　　　　　　　zǒuqu

Ⅱ　跑上　駆けのぼる　　　　　走进　歩いて入る
　　pǎoshàng　　　　　　　　　　zǒujìn

　　跑下　駆けおりる　　　　　走出　歩いて出る
　　pǎoxià　　　　　　　　　　　zǒuchū

Ⅲ　跑上来　駆けのぼってくる　　走进来　歩いて入ってくる
　　pǎoshànglai　　　　　　　　　　zǒujìnlai

　　跑下去　駆けおりていく　　　　走出去　歩いて出ていく
　　pǎoxiàqu　　　　　　　　　　　zǒuchūqu

目的語の位置　ポイントは "来/去"

① 目的語が場所であれば ➡ "来/去" の前に

外边　太　冷　了，快　进　屋里　来　吧。
Wàibian tài lěng le, kuài jìn wūli lai ba.

外は寒いから、はやく部屋に入ってきなさいな。

客人　走进　客厅　来　了。　　お客さんが客間に入ってきました。
Kèren zǒujìn kètīng lai le.

● (1)(2)は目的語が"来
／去"の前後のどちら
にもくるが、(1)は後に、
(2)は前にくることが多
い。

② 目的語が一般的な事物であれば

(1) すでに 実現した　➡　"来／去"の後に

今天　她　带来了　几　位　中国　　朋友。
Jīntiān tā dàiláile jǐ wèi Zhōngguó péngyou.

今日彼女は中国人の友人を数人つれてきました。

他　给　我们　带回来了　几　本　书。
Tā gěi wǒmen dàihuíláile jǐ běn shū.

彼は私たちに本を数冊持って帰ってき
てくれました。

- -

(2) まだ 実現していない　➡　"来／去"の前に

明天　我　要　给　他　送　一些　水果　去。
Míngtiān wǒ yào gěi tā sòng yìxiē shuǐguǒ qu.

明日私は彼に果物を少し届けてあげなくては。

我　想　带　照相机　去。
Wǒ xiǎng dài zhàoxiàngjī qu.

カメラを持っていくつもりです。

- -

(3) すぐに 実現させる（命令文）　➡　"来／去"の前に

举起　手　来！
Jǔqǐ shǒu lai！

手を挙げなさい！

拿　一　杯　水　来！
Ná yì bēi shuǐ lai！

水を1杯持ってきなさい！

2　存現文── 場面描写の文

場面として 場所／時間	＋動詞＋	数量 修飾	＋	不特定の ヒト／モノ

　不特定の人やものについて、その存在や出現、消失をひとつの場面として描写
する。

● 不特定の動作主（ヒト／
モノ）は主語の位置にこ
れず、目的語の位置にく
る。

楼下　来了　一　位　客人。
Lóuxià láile yí wèi kèren.

階下にお客さんがいらした。

门口　站着　几　个　人。
Ménkǒu zhànzhe jǐ ge rén.

入口に人が数人立っています。

昨天　发生了　一　件　大事。
Zuótiān fāshēngle yí jiàn dàshì.

昨日大事件が起きました。

- -

● 否定は"没(有)v"で。

门口　没　站着　人。
Ménkǒu méi zhànzhe rén.

入口に人は立っていません。

A 1 発音を聞いて、（ ）内に動詞を漢字で書き入れ、ピンインも書きましょう。 🔊 85

1) A： ただいま！　　　　　　　　B： おや、お帰りなさい！

妈妈，我（ 　 ）来 了！　　　噢，你（ 　 ）来 了！
Māma, wǒ　　　lai le !　　　　Ō, nǐ　　　lai le !

2) お入りなさい　　　　　　　　3) 出かけています。

你（ 　 ）来 吧。　　　　　　他（ 　 ）去 了。
Nǐ　　　lai ba.　　　　　　　　Tā　　　qu le.

4) 帰りましたよ。　　　　　　　5) お座りなさい。

他（ 　 ）去 了。　　　　　　你（ 　 ）下来 吧。
Tā　　　qu le.　　　　　　　　Nǐ　　　xiàlai ba.

6) 立ちなさい！　　　　　　　　7) ちょっと来て！

你（ 　 ）起来！　　　　　　你（ 　 ）来 啊！
Nǐ　　　qǐlai !　　　　　　　　Nǐ　　　lai a !

8) 持って行って。　　　　　　　9) 持って来て。

你（ 　 ）去 吧。　　　　　　你（ 　 ）来 吧。　　　"拿" ná ＝持つ
Nǐ　　　qu ba.　　　　　　　　Nǐ　　　lai ba.

A 2 下線部のピンインを漢字にして、日本語に訳しましょう。

1) 他 回 _____ 去 了。　　　2) 他 从 _____ 回来 了。
Tā huí Zhōngguó qu le.　　　　Tā cóng Rìběn huílai le.

_____

3) 就要 春节 了，门上 贴_____ 一 幅 春联。　　"春联" ＝春節の対聯（ついれん）
Jiùyào Chūnjié le, ménshang tiēzhe　　yì fú chūnlián.

_____

4) 楼下 来了 几 个 人，我 下_____ 看看。
Lóuxià láile jǐ ge rén, wǒ xiàqu　　kànkan.

_____

5) 弟弟 从 楼上 走_____ 了。
Dìdi cóng lóushàng zǒuxiàlai　　le.

_____

6) 那 位 明星 走_____ 大厅 _____ 了。
Nà wèi míngxīng zǒujìn　　dàtīng　　lai le.

_____

B1　次の日本語になるように、単語を並べかえましょう。

1）私はお菓子をたくさんあなたに買って帰ってきました。

（ 我　你　点心　买　给　很　多　回来　了 ）
　wǒ　nǐ　diǎnxin　mǎi　gěi　hěn　duō　huílai　le

_____

2）彼らは図書館へいっしょに入っていきました。

（ 他们　图书馆　走　一起　进去　了 ）
　tāmen　túshūguǎn　zǒu　yìqǐ　jìnqu　le

_____

3）プレートには「タバコはご遠慮ください」と書いてあります。　　　"牌子"＝プレート

（ 牌子　写　吸烟　不要　着　上　请 ）
　páizi　xiě　xīyān　búyào　zhe　shang　qǐng

_____

4）先ほど一人出ていって、今また一人やってきました。

（ 刚才　现在　走　来　又　人　人　一　个　一　个　了　了 ）
　gāngcái　xiànzài　zǒu　lái　yòu　rén　rén　yí　ge　yí　ge　le　le

_____

5）自動車は公園に乗り入れることはできません。

（ 汽车　公园　开　不　能　进来　里 ）
　qìchē　gōngyuán　kāi　bù　néng　jìnlai　li

_____

6）近頃、我家にはお客が来ていません。

（ 最近　客人　我　家　来　没 ）
　zuìjìn　kèren　wǒ　jiā　lái　méi

_____

B2　中国の子供ならだれもが知っている「お話し」です。中国語のリフレインの面白さを楽しみつつ、口ずさんでみましょう。　🔊86

　从前　有　座　山，山里　有　个　庙，庙里　有　个　老　和尚　讲　故事，讲　的　什么
　Cóngqián　yǒu　zuò　shān,　shānli　yǒu　ge　miào,　miàoli　yǒu　ge　lǎo　héshang　jiǎng　gùshi,　jiǎng　de　shéme

呢？从前　有　座　山，山里　有　个　庙，……
ne?　Cóngqián　yǒu　zuò　shān,　shānli　yǒu　ge　miào,

- -

庙　寺

C 1 "V 来 V 去" の形で 動作の反復 を表わします。次の文を日本語に訳しましょう。

1）我　想来想去，不　知道　怎么　回答　他。 "知道" = 知る
　　Wǒ　xiǎnglaixiǎngqu, bù　zhīdao　zěnme　huídá　tā.

_____

2）你　最近　跑来跑去，忙　什么　呢？
　　Nǐ　zuìjìn　pǎolaipǎoqu, máng shénme　ne？

_____

C 2 方向補語はその派生的な意味で使われることが多く、多様な表現ができます。次の文を、A、B、C を参考にして日本語に訳しましょう。（　　）内にその分類を記してください。

> A）起来　① 開始　　　② ～してみると　　③ バラバラなものがまとまる
> B）出来　① 判別　　　② 出現（無から有へ）
> C）下来　① 継続（～今まで）
> 　　下去　② 継続（今後へ～）

1）听了　他　的　话，大家　都　笑起来　了。（　　）
　　Tīngle　tā　de　huà, dàjiā　dōu　xiàoqǐlai　le.

_____

2）那　几　本　书　我　已经　看完　了，你　可以　收起来。 "收" = 片付ける　（　　　）
　　Nà　jǐ　běn　shū　wǒ　yǐjing　kànwán　le, nǐ　kěyǐ　shōuqǐlai.

_____

3）说起来　容易，做起来　难。（　　）
　　Shuōqǐlai　róngyì, zuòqǐlai　nán.

_____

4）我　的　意见　都　说出来　了。（　　）
　　Wǒ　de　yìjiàn　dōu　shuōchūlai　le.

_____

5）我　认出来　了，他　是　王　平！ "认" = 見分ける　（　　）
　　Wǒ　rènchūlai　le, tā　shì　Wáng Píng！

_____

6）我们　学习　汉语　的　同学　都　坚持下来　了。 "坚持" = 頑張る　（　　）
　　Wǒmen　xuéxí　Hànyǔ　de　tóngxué　dōu　jiānchíxiàlai　le.

_____

7）请　你　说下去，我们　都　等着　听　呢。（　　）
　　Qǐng　nǐ　shuōxiàqu, wǒmen　dōu　děngzhe　tīng　ne.

_____

会 話

 87

● 何が起こったの？

门口　围着　一些　人，发生了
Ménkǒu wéizhe yìxiē rén, fāshēngle

什么　事？
shénme shì ?

走，过去　看看。
Zǒu, guòqu kànkan.

● こちらへどうぞ…

王　老师，你们　快　过来，
Wáng lǎoshī, nǐmen kuài guòlai,

这儿　有　坐位。
zhèr yǒu zuòwèi.

好，我们　马上　就　过去。
Hǎo, wǒmen mǎshang jiù guòqu.

単語のまとめ

さまざまな時

现在 今、これから xiànzài	过去 過去 guòqù	将来 将来 jiānglái	从前 昔、以前 cóngqián
以前 以前、これまで yǐqián	以后 以後、これから yǐhòu	开始 最初 kāishǐ	
后来 その後 hòulái	最后 最後 zuìhòu	刚才 先ほど gāngcái	回头 後ほど huítóu

"从～到～"　（～から～まで）時間と場所について
cóng dào

从　八　点　到　十二　点　上课。　　8時から12時まで授業です。
Cóng bā diǎn dào shí'èr diǎn shàngkè.

从　东京　到　北京　很　远。　　東京から北京までは（とても）遠い。
Cóng Dōngjīng dào Běijīng hěn yuǎn.

1　可能補語　Ｖ＋"得de／不bu"＋結果・方向補語

● "不" は軽声に。"来、去" は本来の声調に戻る。

Ｖ得〜「〜できる」　Ｖ不〜「〜できない」

看见 〈結果〉	看得见 見える	看不见 見えない
kànjiàn 見かける	kàndejiàn	kànbujiàn
回来 〈方向〉	回得来 戻ってこられる	回不来 戻ってこられない
huílai 戻ってくる	huídelái	huíbulái

- -

我们　**听得懂**　你　说　的　话。　　　あなたのお話を私たちは理解できます。
Wǒmen　tīngdedǒng　nǐ　shuō　de　huà.

长城　　比较　高，你　　**上得去 上不去**?
Chángchéng　bǐjiào　gāo,　nǐ　shàngdequ　shàngbuqù?

　　　　　　　　　　　　　　　　　　　　　　長城はかなり高いけれど、登れますか？

- -

　比　較

● 「条件・理由」によっての「できる／できない」

① 大门　关　了，我们　　**进不去**。　　正門は閉まってしまったので、入れません。
　Dàmén　guān　le,　wǒmen　jìnbuqù.

● 「許可・制止」としての「できる／できない」は、助動詞の "可以／能" でしか言えない。

② 我　**可以**　进去　吗?　　　　　　入ってよろしいですか？
　Wǒ　kěyǐ　jìnqu　ma?

　你　**不　能**　进来！　　　　　　入ってきてはならない！
　Nǐ　bù　néng　jìnlai!

- -

● 可能補語だけに使われる "了" liǎo

"〜得了／不了"「終る、実現する、推測」

这　个　西瓜　太　大，我　一　个　人　**吃不了**。
Zhè　ge　xīguā　tài　dà,　wǒ　yí　ge　rén　chībuliǎo.

　　　　　　　　このスイカは大きすぎるから、私一人では食べきれません。

今天　下　雨，**去不了**　颐和园　了。
Jīntiān　xià　yǔ,　qùbuliǎo　Yíhéyuán　le.

　　　　　　　　今日は雨なので、頤和園に行けなくなりました。

他　比　你　**大不了**　几　岁。
Tā　bǐ　nǐ　dàbuliǎo　jǐ　suì.

　　　　　　　彼はあなたよりいくつも年上ではないでしょう。

2 兼語文 — 使役の言い方

「〜に〜させる」動詞の "请" qǐng，"让" ràng，"叫" jiào

● "你" は上の文ではひとつになって、「目的語」兼「主語」となる。使役の表現はこの兼語文の形をとる。

我　请　你　吃饭。　　　　　　私にごちそうさせてください。
Wǒ　qǐng　nǐ　chīfàn.

(1) S　V　O

我　请　你
　　　(2) 你　吃饭
　　　　　S　V

（私はあなたを招く）

（あなたは食事をする）

● "请" は「招請する、招く」でもっともていねいな使役。

● "让" は「席をゆずって、座らせる」の「ゆずる」から、おだやかな使役。

● "叫" は「呼んで〜させる」ので、やや命令口調の使役。

我　请　他　来　一　趟。　　　　彼に来てくださるようお願いする。
Wǒ　qǐng　tā　lái　yí　tàng.

我　让　他　来　一　趟。　　　　彼に来てもらうよう言う。
Wǒ　ràng　tā　lái　yí　tàng.

我　叫　他　来　一　趟。　　　　彼に来るように言う。
Wǒ　jiào　tā　lái　yí　tàng.

◆ お願い＆制止の表現

「〜させてください」

让　我　想　一　想。　　　　私にちょっと考えさせてください。
Ràng　wǒ　xiǎng　yi　xiǎng.

「〜させない」

妈妈　不　让　我　晚上　出去。　母は私を夜には外出させません。
Māma　bú　ràng　wǒ　wǎnshang　chūqu.

● 否定の副詞 "不 / 没" は使役動詞の前へ置く

89

A 1 発音を聞いて、（　）内に "得" de か "不" bu を入れて、日本語に訳しましょう。

1) 看（　）见＿＿＿＿＿
kàn　　　jiàn

2) 听（　）见＿＿＿＿＿
tīng　　　jiàn

3) 起（　）来＿＿＿＿＿
qǐ　　　lái

4) 睡（　）着＿＿＿＿＿
shuì　　　zháo

5) 回（　）来＿＿＿＿＿
huí　　　lái

6) 出（　）去＿＿＿＿＿
chū　　　qù

7) 看（　）懂＿＿＿＿＿
kàn　　　dǒng

8) 写（　）完＿＿＿＿＿
xiě　　　wán

9) 记（　）住＿＿＿＿＿
jì　　　zhù

A 2 下線部のピンインを漢字にして、日本語に訳しましょう。

1) 你　下午　三　点　以前　＿＿＿＿得来　吗？
Nǐ　xiàwǔ　sān　diǎn　yǐqián　　huídelái　ma？

＿＿＿＿＿＿＿＿＿＿＿＿＿＿＿＿＿＿＿＿＿＿

2) 现在　我　还　＿＿＿＿不懂　中文　杂志。
Xiànzài　wǒ　hái　　kànbudǒng　Zhōngwén　zázhì.

＿＿＿＿＿＿＿＿＿＿＿＿＿＿＿＿＿＿＿＿＿＿

3) 这　个　房间　很　大，＿＿＿＿得下　四　个　人。
Zhè　ge　fángjiān　hěn　dà，　zhùdexià　sì　ge　rén.

＿＿＿＿＿＿＿＿＿＿＿＿＿＿＿＿＿＿＿＿＿＿

4) 他　说得　太　快，我　＿＿＿＿不懂。
Tā　shuōde　tài　kuài，wǒ　　tīngbudǒng.

＿＿＿＿＿＿＿＿＿＿＿＿＿＿＿＿＿＿＿＿＿＿

A 3 次の日本語になるように、単語を並べかえましょう。

1) 彼を行かせようか、それともあなたにしようか？

（ 他　你　去　去　还是　让　让 ）
　 tā　nǐ　qù　qù　háishi　ràng　ràng

＿＿＿＿＿＿＿＿＿＿＿＿＿＿＿＿＿＿＿＿＿＿

2) お母さんは時間がないのだから、手助けを頼んではいけませんよ。

（ 妈妈　她　时间　没　有　帮忙　不要　请 ）
　 māma　tā　shíjiān　méi　yǒu　bāngmáng　búyào　qǐng

＿＿＿＿＿＿＿＿＿＿＿＿＿＿＿＿＿＿＿＿＿＿

3) 李先生が、この事を私からあなたに言っておくようにとのことです。

（ 李　老师　我　你　这　件　事　告诉　叫 ）
　 Lǐ　lǎoshī　wǒ　nǐ　zhè　jiàn　shì　gàosu　jiào

＿＿＿＿＿＿＿＿＿＿＿＿＿＿＿＿＿＿＿＿＿＿

B1 よく使う「決まり文句」です。日本語に訳し、気分を出して言ってみましょう。

1) ◆ 人を待たせてしまったら。

对不起，我 来晚 了，让 你 久等 了。
Duìbuqǐ, wǒ láiwǎn le, ràng nǐ jiǔděng le.

2) ◆ 待ちぼうけを食わされてしまったら

他 让 我 等了 三 个 小时 了，真 受不了！
Tā ràng wǒ děngle sān ge xiǎoshí le, zhēn shòubuliǎo!

B2 可能補語はまるごと暗記！ 以下のフレーズを使って文を完成させ、日本語に訳しましょう。

睡不好 よく眠れない shuìbuhǎo	看不起 バカにする kànbuqǐ	听不出来 聞き分けられない tīngbuchūlái
来得及 間に合う láidejí	来不及 間に合わない láibují	用不了 かからない yòngbuliǎo
跟不上 追いつけない gēnbushàng	好吃不了 おいしいはずがない hǎochībuliǎo	

1) A: 现在 去 已经（　　　）了 吧？ ＿＿＿＿＿＿＿＿＿＿
　　Xiànzài qù yǐjing le ba?

　 B: 还（　　　）！骑 车 去（　　　）半 个 小时。
　　Hái ! Qí chē qù bàn ge xiǎoshí.

＿＿＿＿＿＿＿＿＿＿＿＿＿＿＿＿＿＿＿＿＿＿＿＿＿

2) 他 汉语 说得 很 地道，（　　　）他 是 日本人。
　 Tā Hànyǔ shuōde hěn dìdao, tā shì Rìběnrén.

＿＿＿＿＿＿＿＿＿＿＿＿＿＿＿＿＿＿＿＿＿＿＿＿＿

3) 这 几 天 太 热 了，我（　　　）觉。＿＿＿＿＿＿＿＿
　 Zhè jǐ tiān tài rè le, wǒ jiào.

4) 你 走得 太 快，我（　　　）。＿＿＿＿＿＿＿＿＿＿＿
　 Nǐ zǒude tài kuài, wǒ .

5) 你 别（　　　）人！　　　6) 那 种 苹果（　　　）。
　 Nǐ bié rén!　　　　　　Nà zhǒng píngguǒ .

＿＿＿＿＿＿＿＿＿＿＿＿＿＿　＿＿＿＿＿＿＿＿＿＿＿＿＿

B3 中国語の謎謎です。

你们 猜得着 猜不着?
Nǐmen cāidezháo cāibuzháo?
当てられる？

🔊 90

1) **ヒント** 食べ始めると止められない豆は？

麻 屋子，红 帐子，里头 睡着 个 白胖子。
Má wūzi, hóng zhàngzi, lǐtou shuìzhe ge báipàngzi.

＿＿＿＿＿＿＿＿＿＿＿＿＿＿＿＿＿＿＿＿＿＿＿＿＿

2) **ヒント** 山西省の省都は？

戴着 草帽 亲嘴。　　　　答 1) ＿＿＿＿＿＿ 2) ＿＿＿＿＿＿
Dàizhe cǎomào qīnzuǐ.　　　　　　huāshēng　　　Tàiyuán

C 1 可能補語は "V 不～" の不可能形が多く使われ、意味も派生的なものの方が多く使われます。
「食べられない」その理由は？以下を参考にして、次の文を日本語に訳しましょう。

吃不完 （時間がなくて） chībuwán	吃不了 （量が多くて） chībuliǎo	吃不到 （ものがなくて） chībudào
吃不上 （ありつけない） chībushàng	吃不下 （ノドを通らない） chībuxià	吃不起 （お金がなくて） chībuqǐ
吃不来 （口に合わない） chībulái		

1） 我　吃不起　那么　贵　的　牛肉。
　　Wǒ　chībuqǐ　nàme　guì　de　niúròu.

_____

2） 别　再　拿　了，这　块　面包　我　已经　吃不了　了。
　　Bié　zài　ná　le, zhè　kuài miànbāo　wǒ　yǐjing　chībuliǎo　le.

_____

3） 够　了，谢谢，我　吃不下　了。
　　Gòu　le, xièxie, wǒ　chībuxià　le.

_____

4） 我　很　喜欢　吃　中国菜，不过　四川菜　太　辣，我　吃不来。
　　Wǒ　hěn　xǐhuan　chī Zhōngguócài, búguò　Sìchuāncài　tài　là,　wǒ　chībulái.

_____

5） 这么　多　菜　半　个　小时　吃不完。
　　Zhème　duō　cài　bàn　ge　xiǎoshí　chībuwán.

_____

6） 今天　回来得　太　晚，吃不上　饭　了。
　　Jīntiān　huílaide　tài　wǎn, chībushàng　fàn　le.

_____

7） 以前　在　日本　吃不到　北京　烤鸭。
　　Yǐqián　zài　Rìběn　chībudào　Běijīng　kǎoyā.

_____

◆ こんな言い方もあります。

8） 一　天　学　一　课，我　吃不消。
　　Yì　tiān　xué　yí　kè,　wǒ　chībuxiāo.

_____

会 话

 91

● 結婚はいつ？

你 什么 时候 请 我 吃 你 的 喜糖 啊？
Nǐ shénme shíhou qǐng wǒ chī nǐ de xǐtáng a?

…… 快 了。
...... Kuài le.

● 誕生日に…

后天 是 我 的 生日，我
Hòutiān shì wǒ de shēngrì, wǒ

想 请 你 来 我 家 玩儿。
xiǎng qǐng nǐ lái wǒ jiā wánr.

你 过 生 日 啊，我 一定 去。
Nǐ guò shēngrì a, wǒ yídìng qù.

你 可 别 忘 了！
Nǐ kě bié wàng le！

放心 吧，忘不了。
Fàngxīn ba, wàngbuliǎo.

単語のまとめ

房间・屋子 部屋
fángjiān wūzi

帐子 とばり
zhàngzi

里头＝里边 なか
lǐtou

白胖子 色白の太っちょさん
báipàngzi

四川菜 四川料理
Sìchuāncài

北京 烤鸭 北京ダック
Běijīng kǎoyā

够 十分である
gòu

帮忙 手伝う
bāngmáng

地道 生粋である
dìdao

喜糖 婚礼のときに配る
xǐtáng お祝いのキャンデー

猜 谜语 なぞなぞを当てる／する
cāi míyǔ

戴 帽子 帽子をかぶる
dài màozi

亲嘴 キスをする
qīnzuǐ

趟 往復する動作を
tàng 数える量詞

🔊 92

1　受け身文　介詞の "被" bèi、"叫" jiào、"让" ràng

● 受け身文の動詞にはプラスアルファが必要。「ドウコウされる」ようすを、"了"、"过"、補語（結果・方向・様態）、目的語、動作量、連用修飾（介詞フレーズ・副詞など）、助動詞などで「具体的」に言う。

● 助動詞は介詞の前へ

● 口語では "叫・让" の方が多く使われる。

● 否定は "没(有)" を、介詞の前へ。

A ＋ 被 B ＋ V ＋アルファ　「A は B に～される」

我 的 词典 被 王 丽 拿走 了。
Wǒ de cídiǎn bèi Wáng Lì názǒu le.

私の辞書は王麗さんに持っていかれてしまった。

这 件 事 不 能 叫 他 知道。
Zhè jiàn shì bù néng jiào tā zhīdao.

このことは彼に知られてはならない。

我 的 本子 让 谁 拿错 了?
Wǒ de běnzi ràng shéi nácuò le?

私のノートは誰に間違って持っていかれてしまったのだろう？

我 从来 没 被 他 说服过。
Wǒ cónglái méi bèi tā shuōfúguo.

私は今まで彼に説得されたことはありません。

◇ "被" ＋ V　"被" のあとの B が特定されないものであれば、省略できる。

他 的 钱包 被 (人) 偷 了。
Tā de qiánbāo bèi (rén) tōu le.

彼の財布は（誰かに）盗まれてしまった。

2　処置文　介詞の "把" bǎ

● 処置文の動詞にはプラスアルファが必要。「ドウコウする」ようすを、"了"、"着"、補語（結果・方向・様態）、目的語、動作量、連用修飾、助動詞などで、「具体的」に言う。

● 否定は "没(有)" を、介詞の前へ。

A ＋ 把 B ＋ V ＋アルファ　「A は B を～する」

请 你 把 你 的 地址 写 一下。
Qǐng nǐ bǎ nǐ de dìzhǐ xiě yíxià.

住所をお書きください。

妈妈 把 房间 打扫得 很 干净。
Māma bǎ fángjiān dǎsǎode hěn gānjìng.

お母さんは部屋をきれいに掃除しました。

他 没 把 照相机 带来。
Tā méi bǎ zhàoxiàngjī dàilai.

彼はカメラを持ってこなかった。

● "把～Ｖ着" は、命令文になる。

你 **把** 钱 带着！
Nǐ bǎ qián dàizhe !

お金を持ちなさいな！

- -

◇ 受け身文と処置文の対照関係

我 的 自行车 **被** 他 骑走 了。
Wǒ de zìxíngchē bèi tā qízǒu le.

私の自転車は彼に乗っていかれてしまった。

他 **把** 我 的 自行车 骑走 了。
Tā bǎ wǒ de zìxíngchē qízǒu le.

彼は私の自転車を乗っていってしまった。

3 "把"の文にする必要性について

① 2つ目的語をもつ動詞

他 把 那 张 地图 给了 我。
Tā bǎ nà zhāng dìtú gěile wǒ.

彼はあの地図を私にくれました。

他 把 刚才 听到 的 好 消息 告诉了 大家。
Tā bǎ gāngcái tīngdào de hǎo xiāoxi gàosule dàjiā.

彼はさきほど聞いたばかりの良い知らせを皆に言いました。

- -

② 結果補語の "～在／～到／～给" をもつ動詞

他 把 挂历 挂在 墙上 了。
Tā bǎ guàlì guàzài qiángshang le.

彼はカレンダーを壁にかけました。

请 把 这 封 信 送到 办公室 去。
Qǐng bǎ zhè fēng xìn sòngdào bàngōngshì qù.

この手紙を事務室へ届けてください。

请 把 酱油 递给 我，好 吗?
Qǐng bǎ jiàngyóu dìgěi wǒ, hǎo ma?

お醤油を取っていただけますか。

- -

③ 結果補語の "～成／～为／～作" をもつ動詞かそれを内包する動詞

我 把 这 个 句子 翻译成 中文 了。
Wǒ bǎ zhè ge jùzi fānyìchéng Zhōngwén le.

私はこのセンテンスを中国語に訳しました。

我 把 他 当作 自己 的 亲 兄弟。
Wǒ bǎ tā dàngzuò zìjǐ de qīn xiōngdì.

私は彼を自分の実の兄弟のように思っています。

- -

④ 副詞の "都／全quán" すべて

我 把 钱 都 花完 了。
Wǒ bǎ qián dōu huāwán le.

私はお金をすっかり使ってしまいました。

A 1　次の文を日本語に訳しましょう。

1）风　太　大，帽子　被　吹掉　了。 "掉" = 離れる
　　Fēng tài　dà,　màozi　bèi chuīdiào le.

_____

2）他　不　想　把　这　个　坏　消息　告诉　父母。
　　Tā　bù　xiǎng bǎ　zhè　ge　huài xiāoxi gàosu　fùmǔ.

_____

3）那　本　书　没　让　人　借走，你　拿去　看　吧。
　　Nà　běn　shū　méi　ràng rén　jièzǒu,　nǐ　náqu　kàn　ba.

_____

4）把　窗户　关上　吧，墙上　的　画儿　让　风　刮下来　了。
　　Bǎ　chuānghu guānshàng ba, qiángshang de　huàr　ràng fēng guāxiàlai　le.

_____

A 2　次の日本語になるように、単語を並べかえましょう。

1）あなたが頼んだ（あの）本を持って来ましたよ。
　　（我　你　那　本　书　的　带　要　来　了　把）
　　　wǒ　nǐ　nà　běn　shū　de　dài　yào　lai　le　bǎ

_____

2）私たちの話は人に聞かれてしまった。
　　（我们　人　话　的　听　了　见　被）
　　　wǒmen rén　huà　de　tīng　le　jiàn　bèi

_____

3）今回私は中国へ来て、北京中をくまなく遊びまわりました。
　　（我　这次　中国　北京　整个儿　玩儿　到　遍　了　把）
　　　wǒ　zhècì Zōngguó Běijīng zhěnggèr wánr　dào　biàn　le　bǎ

_____

4）私は中国語がまだあまり上手ではないので、中国人の友人によく誤解されます。
　　（我　朋友　中国　汉语　误会　好　太　不　常常　还　被）
　　　wǒ　péngyou Zhōngguó Hànyǔ wùhuì　hǎo　tài　bú chángcháng hái　bèi

_____

5）マジシャンは花を袖の中から取り出しました。
　　（魔术师　花儿　袖子　里边　拿　从　出来　了　把）
　　　móshùshī huār　xiùzi　lǐbian　ná　cóng chūlai　le　bǎ

_____

6）ギョーザ100個が2人の子供にひとつ残らず食べられてしまいました。
　　（饺子　孩子　一百　两　个　个　吃　都　光　了　被）
　　　jiǎozi　háizi　yìbǎi liǎng ge　ge　chī　dōu guāng le　bèi

_____

B 1　よく使う「決まり文句」です。日本語に訳し、気分を出して言ってみましょう。　◁)) 93

◆ 教室での先生と学生のひとコマ

老师：　你　今天　把　课本　带来　了　吗？
lǎoshī　Nǐ　jīntiān　bǎ　kèběn　dàilai　le　ma?

_____

学生：　没　带来，又　让　我　忘在　家里　了。
xuésheng　Méi　dàilai,　yòu　ràng　wǒ　wàngzài　jiāli　le.

_____

老师：　你　不　把　课本　带来，怎么　上课？
lǎoshī　Nǐ　bù　bǎ　kèběn　dàilai,　zěnme　shàngkè?

_____

学生：……（今天　我　又　被　老师　批评了　一　顿。）
xuésheng　　　Jīntiān　wǒ　yòu　bèi　lǎoshī　pīpíngle　yí　dùn.

_____

B 2　次の受け身文を日本語に訳し（a）、さらに“把”を用いた処置文に言いかえましょう（b）。

1）跳高　的　世界　记录　被　他　打破　了。
　Tiàogāo de　shìjiè　jìlù　bèi　tā　dǎpò　le.

（a）_____

（b）_____

2）玻璃杯　被　谁　打碎　了？
　Bōlibēi　bèi　shéi　dǎsuì　le?

（a）_____　（b）_____

3）我　叫　汽车　撞倒　了。
　Wǒ　jiào　qìchē　zhuàngdǎo le.

（a）_____　（b）_____

4）我　被　朋友　送到了　医院。
　Wǒ　bèi　péngyou sòngdàole　yīyuàn.

（a）_____　（b）_____

5）我　被　医生　救活　了。
　Wǒ　bèi　yīshēng jiùhuó　le.

（a）_____　（b）_____

C 1 下から結果補語を選んで文を完成させ、日本語に訳しましょう。

在 zài   给 gěi   光 guāng   到 dào   成 chéng

1) 请 你 把 车 开＿＿＿马路 对面 吧。
　 Qǐng nǐ bǎ chē kāi　　 mǎlù duìmiàn ba.

_____

2) 魔术师 把 纸 变 ＿＿＿＿ 花儿 了。
　 Móshùshī bǎ zhǐ biàn　　 huār le.

_____

3) 我 常常 把 书包 忘 ＿＿＿＿ 车里。
　 Wǒ chángcháng bǎ shūbāo wàng　　 chēli.

_____

4) 刚才 在 书店里，我 把 钱 全 花 ＿＿＿＿ 了，现在 钱包里 一 分 钱 都
　 Gāngcái zài shūdiànli, wǒ bǎ qián quán huā　　 le, xiànzài qiánbāoli yì fēn qián dōu

没 有 了。
méi yǒu le.

_____

5) 今天 有 时间，他 要 把 看完了 的 书 拿去 还 ＿＿＿＿ 图书馆。他 还 想
　 Jīntiān yǒu shíjiān, tā yào bǎ kànwánle de shū náqu huán　　 túshūguǎn. Tā hái xiǎng

同时 把 没 看完 的 书 续借 一下。
tóngshí bǎ méi kànwán de shū xùjiè yíxià.

_____

C 2 次の文を日本語に訳しましょう。　🔊 94

那 一小撮 流氓 干了 坏事，刚 要 逃跑，就 被 警察 抓住 了。警察 把
Nà yìxiǎocuō liúmáng gànle huàishì, gāng yào táopǎo, jiù bèi jǐngchá zhuāzhù le. Jǐngchá bǎ

他们 推到 汽车里 带到 派出所 去 了。
tāmen tuīdào qìchēli dàidào pàichūsuǒ qù le.

会 話

🔊 95

● おや、珍しい人がやって来た…

什么 风 把
Shénme fēng bǎ
你 吹来 了?
nǐ chuīlai le?

今天 有 件 急事,
Jīntiān yǒu jiàn jíshì,
求 你 帮帮 忙。
qiú nǐ bāngbang máng.

● 卒業したあとは…

听说 你 会 说
Tīngshuō nǐ huì shuō
汉语,是 吗?
Hànyǔ, shì ma?

哪儿 啊, 我 把 学过 的
Nǎr a, wǒ bǎ xuéguo de
东西 都 还给 老师 了!
dōngxi dōu huángěi lǎoshī le!

単語のまとめ

● 消息 知らせ/ニュース　窗户 窓　跳高 走り高跳び　整个儿 全体
xiāoxi　　　　　　　chuānghu　　tiàogāo　　　　zhěnggèr

魔术师 マジシャン
móshùshī

● 误会 誤解/〜する　　　批评 一 顿 きつく叱る
wùhuì　　　　　　　pīpíng yí dùn

打破 世界记录 世界記録を破る
dǎpò shìjièjìlù

打碎 玻璃杯 グラスを割る　救活 一命を取りとめる　续借 続けて借りる
dǎsuì bōlibēi　　　　　jiùhuó　　　　　　　xùjiè

● V＋補語のフレーズ

吹掉 吹きとばす　　借走 借りていく　刮下来 吹き落ちる　还给 〜に返す
chuīdiào　　　　　jièzǒu　　　　guāxiàlai　　　　huángěi

玩儿遍 くまなく遊ぶ　吃光 食べつくす　撞倒 ぶつかって倒れる
wánrbiàn　　　　　chīguāng　　　　zhuàngdǎo

◆ 一小撮 流氓 チンピラたち　　　　干 坏事 悪い事をする
yìxiǎocuō liúmáng　　　　　　　gàn huàishì

刚 要〜,就〜 〜しようとすると、すぐに〜
gāng yào~, jiù~

逃跑 逃走する　　　警察 警官・警察　派出所 警察
táopǎo　　　　　jǐngchá　　　　pàichūsuǒ

自己紹介スピーチ

智人君の自己紹介です。参考にして、皆さんも自己紹介を言ってみましょう。

1 普通　家庭
Pǔtōng　jiātíng

 96

───── 参　考 ─────

普通 pǔtōng　普通
初中 chūzhōng　中学
年级 niánjí　学年／～年生
插图画家 chātú huàjiā　イラストレーター
平时 píngshí　ふだん
出门 chūmén　外出する
编辑 biānjí　編集者
才 cái　ようやく
为 wèi　～のために
买菜 mǎi cài　買物をする／日々の食品を買う
当然 dāngrán　もちろん
帮 bāng　手伝う
做家务 zuò jiāwù　家事をする

1）你们 好！ 我 叫 中村 智人。
Nǐmen hǎo! Wǒ jiào Zhōngcūn Zhìrén.

2）我 家 一共 有 六 口 人，爷爷、奶奶、父亲、母亲、
Wǒ jiā yígòng yǒu liù kǒu rén, yéye, nǎinai, fùqin, mǔqin,

弟弟 和 我。
dìdi hé wǒ.

3）啊， 还 有 两 只 猫， 老 猫 和 小 猫。
Ā, hái yǒu liǎng zhī māo, lǎo māo hé xiǎo māo.

4）我 今年 十九 岁。 我 弟弟 比 我 小 六 岁，是
Wǒ jīnnián shíjiǔ suì. Wǒ dìdi bǐ wǒ xiǎo liù suì, shì

初中 一 年级 的 学生。
chūzhōng yì niánjí de xuésheng.

5）我 爸爸 是 插图 画家。 他 平时 在 家 工作，很
Wǒ bàba shì chātú huàjiā. Tā píngshí zài jiā gōngzuò, hěn

少 出门。
shǎo chūmén.

6）我 妈妈 在 一 个 出版社 做 编辑。
Wǒ māma zài yí ge chūbǎnshè zuò biānjí.

7）她 工作 很 忙。 每 天 很 早 上班， 很 晚
Tā gōngzuò hěn máng. Měi tiān hěn zǎo shàngbān, hěn wǎn

才 回来。
cái huílai.

8）爷爷、 奶奶 都 快 七十 了。
Yéye, nǎinai dōu kuài qīshí le.

9）他们 身体 很 健康。 每 天 为 我们 买 菜 做饭。
Tāmen shēntǐ hěn jiànkāng. Měi tiān wèi wǒmen mǎi cài zuòfàn.

10）当然， 我 和 弟弟 也 帮 他们 做 点儿 家务。打扫
Dāngrán, wǒ hé dìdi yě bāng tāmen zuò diǎnr jiāwù. Dǎsǎo

房间 啊， 洗 衣服 啊， 都 是 我 和 弟弟 的 工作。
fángjiān a, xǐ yīfu a, dōu shì wǒ hé dìdi de gōngzuò.

2 校园 生活
Xiàoyuán shēnghuó

 97

1) 现在 我 在 ○○大学 念 一 年级。我 的 专业
Xiànzài wǒ zài ○○ dàxué niàn yì niánjí. Wǒ de zhuānyè

是 经济 管理。
shì jīngjì guǎnlǐ.

2) 除了 学习 专业 以外，我 准备 利用 大学 四 年
Chúle xuéxí zhuānyè yǐwài, wǒ zhǔnbèi lìyòng dàxué sì nián

的 时间，学好 两 门 外语：英语 和 汉语。
de shíjiān, xuéhǎo liǎng mén wàiyǔ: Yīngyǔ hé Hànyǔ.

3) 英语，我们 虽然 在 中学 学过 六 年，看
Yīngyǔ, wǒmen suīrán zài zhōngxué xuéguo liù nián, kàn

文章 还 可以，但是 说得 不 太 理想。
wénzhāng hái kěyǐ, dànshì shuōde bú tài lǐxiǎng.

4) 汉语，是 上 大学 以后 才 开始 学 的。
Hànyǔ, shì shàng dàxué yǐhòu cái kāishǐ xué de.

5) 我 每 周 上 两 节 汉语课。
Wǒ měi zhōu shàng liǎng jié Hànyǔkè.

6) 每 节 课 都 有 小 测验。我 每 天 都 背 生词
Měi jié kè dōu yǒu xiǎo cèyàn. Wǒ měi tiān dōu bèi shēngcí

和 做 一些 练习。
hé zuò yìxiē liànxí.

7) 我 觉得 汉语 发音 有点儿 难，语法 也 不 太 容易。
Wǒ juéde Hànyǔ fāyīn yǒudiǎnr nán, yǔfǎ yě bú tài róngyì.

8) 不 知道 为 什么，说 汉语 的 时候，我 特别 紧张。
Bù zhīdao wèi shénme, shuō Hànyǔ de shíhou, wǒ tèbié jǐnzhāng.

9) 现在 我 的 汉语 说得 还 不 太 好，写得 也 不行。
Xiànzài wǒ de Hànyǔ shuōde hái bú tài hǎo, xiěde yě bùxíng.

10) 我 打算 明年 暑假 到 中国 去 短期 留学，提高
Wǒ dǎsuan míngnián shǔjià dào Zhōngguó qù duǎnqī liúxué, tígāo

自己 的 听力 和 口语 能力。
zìjǐ de tīnglì hé kǒuyǔ nénglì.

—— 参 考 ——

念 niàn （学校で）勉強
　する

专业 zhuānyè 専攻

经济管理 jīngjì guǎnlǐ
　経済学／経済マネージ
　メント

除了～以外 chúle~yǐwài
　～するほかに

准备 zhǔnbèi ～する予
　定である

利用 lìyòng 利用する

门 mén （学科を数える
　量詞）

虽然～但是～ suīrán~
　dànshì~ ～ではあるが、
　しかし～

中学 zhōngxué 中学・
　高校

理想 lǐxiǎng 理想的で
　ある

节 jié コマ（授業を数
　える量詞）

测验 cèyàn テスト

背 bèi 暗誦する

紧张 jǐnzhāng 緊張する

打算 dǎsuan ～するつ
　もりである

暑假 shǔjià 夏休み

短期留学 duǎnqī liúxué
　短期留学する

提高 tígāo 向上させる

听力 tīnglì 聞きとり力

口语 能力 kǒuyǔ nénglì
　会話力

1) 我　学习　比较　忙，不过　整天　关在　学校里　对　自己
　　Wǒ　xuéxí　bǐjiào　máng, búguò　zhěngtiān guānzài　xuéxiàoli duì　zìjǐ

　　不　太　好。
　　bú　tài　hǎo.

2) 对于　年轻　人　来　说，现在　正是　应该　面向
　　Duìyú　niánqīng　rén　lái　shuō, xiànzài　zhèngshì yīnggāi miànxiàng

　　社会，多　开　眼界　的　时候，是　不　是?
　　shèhuì, duō　kāi　yǎnjiè de　shíhou, shì　bu　shì?

3) 最近　我　开始　在　学校　附近　的　麦当劳　打工。
　　Zuìjìn　wǒ　kāishǐ zài　xuéxiào fùjìn　de　Màidāngláo dǎgōng.

4) 一　周　去　一　次，一般　是　星期天　在　那儿　工作　一　天。
　　Yì　zhōu qù　yí　cì, yìbān shì　xīngqītiān zài　nàr gōngzuò yì　tiān.

5) 另外，我　星期六　下午　在　一　家　儿童馆　做　志愿者，
　　Lìngwài, wǒ　xīngqīliù xiàwǔ zài　yì jiā　értóngguǎn zuò　zhìyuànzhě,

　　为　孩子们　朗读　世界　童话。
　　wèi　háizimen lǎngdú shìjiè tónghuà.

6) 我　从　小　喜欢　看　书，(由　我　自己　来　说　也许　不
　　Wǒ　cóng xiǎo xǐhuan kàn shū, (yóu wǒ　zìjǐ　lái shuō yěxǔ bú

　　太　合适) 所以　我　觉得　我　念得　又　生动　又　逼真。
　　tài héshì) suǒyǐ wǒ　juéde wǒ　niànde yòu shēngdòng yòu bīzhēn.

7) 孩子们　都　听得　非常地　入神。
　　Háizimen dōu tīngde fēichángde rùshén.

8) 看到　他们　的　笑脸，我　也　很　高兴。
　　Kàndào tāmen de xiàoliǎn, wǒ yě hěn gāoxìng.

9) 体力　和　脑力　这　两　种　劳动　都　给　我　带来了　不
　　Tǐlì　hé　nǎolì zhè liǎng zhǒng láodòng dōu gěi wǒ dàilaile bù

　　同　的　体验。
　　tóng de tǐyàn.

―― 参　考 ――

体验 tǐyàn　体験

整天 zhěngtiān　一日中

关在～ guāizài～　～に
　閉じこもる

对 duì　～に

自己 zìjǐ　自分

对于～来说 duìyú～lái
　shuō ～から言えば

应该 yīnggāi　～すべき
　である

面向 miànxiàng　～に目
　を向ける

多开眼界 duō kāi yǎnjiè
　より視野を広げる

麦当劳 Màidāngláo　マ
　クドナルド

周 zhōu　週

一般 yìbān　普通

另外 lìngwài　そのほか

家 jiā　軒（家、店など
　を数える量詞）

儿童馆 értóngguǎn　児
　童館

志愿者 zhìyuànzhě　ボ
　ランティア

朗读 lǎngdú　朗読する

由 yóu　～から

也许 yěxǔ　～かも知れ
　ない

合适 héshì　適当である

所以 suǒyǐ　だから～

又～又～ yòu～yòu～
　～であり～である

生动 shēngdòng　生き生
　きとしている

逼真 bīzhēn　真に迫る

入神 rùshén　夢中になる

笑脸 xiàoliǎn　笑顔

体力 tǐlì　体力

脑力 nǎolì　知力

劳动 láodòng　労働

4 追求 理想
Zhuīqiú lǐxiǎng

🔊99

1）毕业 后 我们 要 走进 社会。做 什么 工作 是 件
　　Bìyè hòu wǒmen yào zǒujìn shèhuì. Zuò shénme gōngzuò shì jiàn

　　人生 大事。
　　rénshēng dàshì.

2）我 跟 朋友们 经常 谈论 这 个 话题。
　　Wǒ gēn péngyoumen jīngcháng tánlùn zhè ge huàtí.

3）有的 同学 说：要 当 公司 职员。还 有的 说：要
　　Yǒude tóngxué shuō: yào dāng gōngsī zhíyuán. Hái yǒude shuō: yào

　　当 老师。更 多 的 同学 说：还是 当 公务员 好。
　　dāng lǎoshī. Gèng duō de tóngxué shuō: háishi dāng gōngwùyuán hǎo.

4）我 想来想去，现在 还 得不出 一 个 结论。
　　Wǒ xiǎnglaixiǎngqu, xiànzài hái débuchū yí ge jiélùn.

5）当然 我 有 我 的 理想。
　　Dāngrán wǒ yǒu wǒ de lǐxiǎng.

6）我 很 希望 我 将来 的 工作 能 为 社会 做出
　　Wǒ hěn xīwàng wǒ jiānglái de gōngzuò néng wèi shèhuì zuòchū

　　一定 的 贡献。
　　yídìng de gòngxiàn.

7）有 位 老师 曾经 对 我 说过：工作 只 有 分工，
　　Yǒu wèi lǎoshī céngjīng duì wǒ shuōguo: gōngzuò zhǐ yǒu fēngōng,

　　没 有 贵贱。
　　méi yǒu guìjiàn.

8）我 觉得 很 有 道理。以后 无论 我 做 什么 工作，
　　Wǒ juéde hěn yǒu dàolǐ. Yǐhòu wúlùn wǒ zuò shénme gōngzuò,

　　我 都 要 一 心 一 意 地 做好。
　　wǒ dōu yào yì xīn yí yì de zuòhǎo.

9）我 的 话 完 了。谢谢 大家。
　　Wǒ de huà wán le. Xièxie dàjiā.

―――― 参 考 ――――

追求 zhuīqiú 求める

人生大事 rénshēng dàshì
　　一生の大問題

经常 jīngcháng いつも

谈论 tánlùn 議論する

有的 yǒude ある人

更 gèng さらに

还是 háishi やはり

得不出 débuchū 得られ
　　ない

结论 jiélùn 結論

作出贡献 zuòchū gòngxi-
　　àn 貢献をする

曾经 céngjīng かつて

分工 fēngōng 分業

贵贱 guìjiàn 上下の区
　　別

无论~都~ wúlùn~dōu~
　　~にかかわらず、すべ
　　て~

一心一意 yì xīn yí yì
　　わき目もふらず

中国語音節表

母音 / 子音	a	o	e	-i	-i	er	ai	ei	ao	ou	an	en	ang	eng	ong	i	ia	ie	iao	iou
母の音の表記のみ	a	o	e			er	ai	ei	ao	ou	an	en	ang	eng		yi	ya	ye	yao	you
b	ba	bo					bai	bei	bao		ban	ben	bang	beng		bi		bie	biao	
p	pa	po					pai	pei	pao	pou	pan	pen	pang	peng		pi		pie	piao	
m	ma	mo	me				mai	mei	mao	mou	man	men	mang	meng		mi		mie	miao	miu
f	fa	fo						fei		fou	fan	fen	fang	feng						
d	da		de				dai	dei	dao	dou	dan	den	dang	deng	dong	di	dia	die	diao	diu
t	ta		te				tai		tao	tou	tan		tang	teng	tong	ti		tie	tiao	
n	na		ne				nai	nei	nao	nou	nan	nen	nang	neng	nong	ni		nie	niao	niu
l	la	lo	le				lai	lei	lao	lou	lan		lang	leng	long	li	lia	lie	liao	liu
g	ga		ge				gai	gei	gao	gou	gan	gen	gang	geng	gong					
k	ka		ke				kai	kei	kao	kou	kan	ken	kang	keng	kong					
h	ha		he				hai	hei	hao	hou	han	hen	hang	heng	hong					
j																ji	jia	jie	jiao	jiu
q																qi	qia	qie	qiao	qiu
x																xi	xia	xie	xiao	xiu
zh	zha		zhe	zhi			zhai	zhei	zhao	zhou	zhan	zhen	zhang	zheng	zhong					
ch	cha		che	chi			chai		chao	chou	chan	chen	chang	cheng	chong					
sh	sha		she	shi			shai	shei	shao	shou	shan	shen	shang	sheng						
r			re	ri					rao	rou	ran	ren	rang	reng	rong					
z	za		ze		zi		zai	zei	zao	zou	zan	zen	zang	zeng	zong					
c	ca		ce		ci		cai		cao	cou	can	cen	cang	ceng	cong					
s	sa		se		si		sai		sao	sou	san	sen	sang	seng	song					

ian	in	iang	ing	iong	u	ua	uo	uai	uei	uan	uen	uang	ueng	ü	üe	üan	ün
yan	yin	yang	ying	yong	wu	wa	wo	wai	wei	wan	wen	wang	weng	yu	yue	yuan	yun
bian	bin		bing		bu												
pian	pin		ping		pu												
mian	min		ming		mu												
					fu												
dian			ding		du		duo		dui	duan	dun						
tian			ting		tu		tuo		tui	tuan	tun						
nian	nin	niang	ning		nu		nuo			nuan				nü	nüe		
lian	lin	liang	ling		lu		luo			luan	lun			lü	lüe		
					gu	gua	guo	guai	gui	guan	gun	guang					
					ku	kua	kuo	kuai	kui	kuan	kun	kuang					
					hu	hua	huo	huai	hui	huan	hun	huang					
jian	jin	jiang	jing	jiong										ju	jue	juan	jun
qian	qin	qiang	qing	qiong										qu	que	quan	qun
xian	xin	xiang	xing	xiong										xu	xue	xuan	xun
					zhu	zhua	zhuo	zhuai	zhui	zhuan	zhun	zhuang					
					chu	chua	chuo	chuai	chui	chuan	chun	chuang					
					shu	shua	shuo	shuai	shui	shuan	shun	shuang					
					ru	ra	ruo		rui	ruan	run						
					zu		zuo		zui	zuan	zun						
					cu		cuo		cui	cuan	cun						
					su		suo		sui	suan	sun						

このuはüの音

第四声ではoを入れて

第三声、第四声ではeを入れて

著　者

西川優子（にしかわ ゆうこ）

桜美林大学文学部中国語中国文学科卒業。北京大学中文系漢語専業修了。
NHK ラジオ中国語講座講師等を経て、現在、日本大学で講師（非常勤）
を務める。

ちゅうごくごしょきゅう　　　　　　　　　ぶんぽう　　かいわ
中国語初級レッスン　― 文法 & 会話 ―　［新訂版］

2020 年 2 月 10 日　第 1 版発行
2022 年 4 月 10 日　第 3 版発行

著　者──西川優子

発行者──前田俊秀

発行所──株式会社 三修社
　　　　　〒 150-0001 東京都渋谷区神宮前 2-2-22
　　　　　TEL03-3405-4511 FAX03-3405-4522
　　　　　振替 00190-9-72758
　　　　　https://www.sanshusha.co.jp
　　　　　編集担当 三井るり子

印刷所──倉敷印刷株式会社

© 2020 Printed in Japan ISBN978-4-384-41047-1 C1087

表紙デザイン ── 銀月堂
本文イラスト ── 奥田邦年
音 声 制 作 ── 中録サービス株式会社
音声吹き込み ── 于暁飛、凌慶成
本 文 組 版 ── 株式会社 柳葉コーポレーション